传媒类高校教育质量评价体系构建与应用研究

孟　越◎著

吉林出版集团股份有限公司
全国百佳图书出版单位

图书在版编目（CIP）数据

传媒类高校教育质量评价体系构建与应用研究 / 孟越著 . -- 长春 : 吉林出版集团股份有限公司 , 2025.1
ISBN 978-7-5731-5114-8

Ⅰ . ①传… Ⅱ . ①孟… Ⅲ . ①高等学校 – 教育质量 – 质量评价 – 研究 – 中国 Ⅳ . ① G649.21

中国国家版本馆 CIP 数据核字 (2024) 第 111392 号

传媒类高校教育质量评价体系构建与应用研究
CHUANMEI LEI GAOXIAO JIAOYU ZHILIANG PINGJIA TIXI GOUJIAN YU YINGYONG YANJIU

著　　者　孟　越
责任编辑　林　丽
封面设计　张秋艳
开　　本　710mm × 1000mm　　1/16
字　　数　200 千
印　　张　11.25
版　　次　2025 年 1 月第 1 版
印　　次　2025 年 1 月第 1 次印刷
印　　刷　天津和萱印刷有限公司

出　　版　吉林出版集团股份有限公司
发　　行　吉林出版集团股份有限公司
地　　址　吉林省长春市福祉大路 5788 号
邮　　编　130000
电　　话　0431-81629968
邮　　箱　11915286@qq.com
书　　号　ISBN 978-7-5731-5114-8
定　　价　68.00 元

前 言

党的二十大将教育作为全面建设社会主义现代化国家的基础性、战略性支撑，2023年7月颁布的《2022年全国教育事业发展统计公报》显示，到2022年底，全国共有高等学校3013所，其中普通本科学校1239所，培养研究生的科研机构234所；各种形式的高等教育在校学生总规模4655万人，比上年增加225万人，高等教育毛入学率59.6%，比上年提高1.8个百分点；普通本科招生467.94万人，比上年增加23.34万人，增长5.25%，毕业生471.57万人，比上年增加43.47万人，增长10.15%；高等教育专任教师197.78万人，其中，普通本科学校131.58万人。拔尖创新人才升级布局基本完成，“四新”建设全面展开，高等教育教学改革向纵深发展，线上线下混合教学模式的应用越来越广，信息技术极大地影响着高等教育的发展，师生对高校办学和教学有着较高的满意度。

自2021年起，高等教育评价改革同样取得了显著进展。全国各高校深入贯彻落实《深化新时代教育评价改革总体方案》，探索建立符合学科特点的评价制度，科学设立评价指标，探索开展多主体、中长期评价，以评价改革牵引人才，积极综合改革，注重对学生创新思维、创新能力、发展潜力的综合评价，不断完善立德树人体制机制，综合提高教育管理能力和水平。

随着我国高等教育水平的迅猛发展，全面保障与提高高等教育质量已成为高等教育创新管理与改革的核心任务，同时也面临多样的现实困难。制定科学、先进的高等教育评价体系，对于整个高等教育质量标准化的实现具有重要作用。

信息技术的创新发展极大地推动了传媒行业的兴起，技术革命使得传媒领域飞速转型升级，移动互联网、大数据、人工智能、云技术等新的媒介形式的不断更新，使传媒产业逐渐成为信息时代的主导型产业，传媒教育炙手可热，传媒类高校从发展数量到人才培养的质量上也在逐年提升。2014 年 8 月政府出台《关于推动传统媒体和新兴媒体融合发展的指导意见》以来，新形势下推动传统媒体和新兴媒体深度融合成为大势所趋，也带来传媒行业人才需求的新变化，呈现出多样化和市场化的鲜明趋势，伴随着短视频平台、社交媒体平台的蓬勃发展，诸多全新的就业岗位随之而来，这更要求传媒类高校的人才培养要结合实际，提升教育质量应从标准入手，针对高等教育质量评价标准的科学研究便具有了更为实际的意义。

本书从中外高等教育评价模式的对比分析入手，结合传媒类高校教学与教育质量的内涵，并基于 CIPP 模型提出可行性解决方案。

本书在写作过程中参考了国内外众多该领域专家、学者的论著和资料，在此表示衷心的感谢！此外，还要感谢 2021 年度教育部人文社会科学研究一般项目（课题编号：21YJC760046）和 2019 年山西省艺术科学规划项目（课题编号：2019C02）的支持与资助。

限于能力水平，本书疏漏或不妥之处在所难免，恳请专家学者批评指正。

孟越

2023 年 12 月

目　录

第一章　中外高等教育评价模式

评价的构建包含多方面因素，如价值、优点、成长、标准、目标、需求、规范、受众、有效性、可信度、客观性、实际意义、责任、改进、投入、过程、产品、形成性、总结性、成本、影响、信息等，当然，还有评价本身。评价的概念化不是一次性的活动，也不是一成不变的。构建科学的评价模型应该与该领域理论和实践的发展保持同步。此外，任何特定研究的设计和实施都将涉及对指导实践工作的思考，其中包含明确的评估对象、目的、程序、变量、研究基础以及援引的标准。鉴于评价工作的复杂性，这些内容及数据也具有独特性、针对性。

本章内容将有助于提高参与评价工作人员对评估复杂性的认识，增加其对不同评价方法的理解，提高理论建设及批判性评价的能力，提升对教育领域专业标准的遵守与执行程度，并最终提高评价的质量和效用。

第一节　高等教育评价标准相关理论及现实意义

一、评价学理论

广义的科学评价是指用科学的方法对一切对象所进行的评价，这是作为一种支撑科学管理与决策的重要、有效的工具和方法。评价和评估两者在内涵上基本相同，均包含科学的评价活动和过程，都是对评价对象的价值进行评判的全过程。评价是各学科领域进入科学管理环节的重要选择，是科学决策的前提。评价是为了更好地管理、决策，目前已在多个学科领域有着广泛的应用实践，如各类竞争力评价、项目评价、技术评价、科研评价、机构组织评价、人才评价、教育评价、政策评价、质量评价、期刊评价、学术评价、知识评价等领域，不同学科背景的评价研究均是基于评价的内涵与基本原理，并结合自己的学科特点来进行评价过程的研究和实践活动的。无论学科领域采用何种形式的评价实践，评价作为一种价值判断，都是服务于科学管理的。评价用于管理的目标为评价的可操作性和运行效率带来了更高的要求，因而评价应在实现评价功能的基础上尽量简化整个评价过程，以提高评价运行效率并为科学管理提供更为高效的服务。

科学评价需要科学的评价标准做支撑。评价标准是以评价客体的价值属性为基础，受到评价主体的情感、愿望、意志、兴趣的影响而产生的主体对客体进行评判的一种自我意识。无论何种形式的评价都必须基于一定的评价标准，换言之，评价标准系统是评价系统的子系统。评价标准作为整个评价活动的关键，其是指在评价活动中应用于对象的价值尺度和界限，评价指标可看成评价标准的细化。评价标准由整个评价目的决定，并具有一致性，明确评价标准对获得科学合理的评价结论、完成评价任务起着决定性的作用。评价标准对评价的重要价值体现在其对评价指标体系构建的基础性指导，也就是说，基于相应的评价标准，分别找出与其对应的评价指标来构建相应的评价指标体系，评价标准是评价指标体系构建的基础。综上所述，从评价标准的内涵来看，评价标准本质上就是评判标准或评估准则，它是总体的评价衡量标尺，其细化的表现形式就是评价指标。

确立评价标准是评价活动过程的重要步骤，应基于评价目的和价值主体的需要来设置，并将其具体化为相应的评价指标体系。总之，评价标准是对每个指标进行评价时的评判依据，即每个评价项目都应有与其对应的评价指标。

二、标准化理论

根据《标准汉语词典》和《应用汉语词典》对“标准”的定义，标准的含义包括：衡量事物和行为的准则，合乎准则的行为标准。《现代汉语词典》除了将标准解释为衡量事物的准则，还认为标准具有一定的比较评估功能，具备进行同类事物比较核对的功能，强调标准是进行事物相互比较或者评定优劣时参照的依据或准则。国家标准是寻求领域范围内最佳秩序和效益的、可进行共同和重复使用的规范性文件，并突出标准具有公认机构批准的特性。可见，标准十分强调对目的性、统一性、规范性方面的要求。从本质上来说，标准是同技术规范、管理规程、政策法规等类似，为各种实践活动提供相应指南功能的规范性政策文件。标准的种类大致可根据其约束性、性质、外在形态和标准化对象等进行划分。标准的内容（标准中规定的标准化对象的特征）、标准的领域（标准所涉及的专业范围）、标准的级别（标准适用的空间范围）、标准的时间（标准的标龄）是构成标准的四个基本要素。

标准体系是指一定范围内的标准，按其内在联系形成的科学有机整体，是标准的集合，一般由标准体系的表达部分（体系表）、功能部分（标准实体）以及规划部分（制定规划）三个部分组成。标准是标准体系的基础内容，标准体系是标准稳定运行并发挥作用的保障，二者相互依存，密不可分。建立标准体系可以使管理人员或研究人员更科学有效地对评价对象进行分析、研究、修订、评价、规划等。

从实际应用的角度来看，标准不仅包括国际标准化组织或国家相关部门正式颁布的文件标准，同时还包括其他未经过标准化机构或标准化组织审核批准，但仍在某些领域产生执行标准作用的非公定标准，如事实标准、协商标准、论坛标准以及正式颁布之前的中间标准、导则、规范等。总之，标准包含于所属的标准体系之中。体系是由一定范围内所有标准按其内在相互关联而共同组成的科学有机体，是对标准本身进行科学管理的方法和工具。构建标准体系的目的是使一定范围内的标准能够互相协同配套并互相关联，通过整体协同效应的发挥来更好地达到所需要的功能与目标。

标准化是确保质量的重要方式和手段。标准化和标准一样，同样是为了寻求特定领域内部的最佳秩序和综合效益，通过标准编制过程、标准发布过程及标准执行实施过程三个环节，形成科学有效的管理模式。一般来说，标准化形式具有简化、通用、统一、系统、组合、模块等特点，但这些特点都具有相关性、继承性、统一和简化性。信息标准化被认为是供应链的三大途径之一，是进行相关要素整合的有效管理策略，它提供一种规范意识，是完成程序的诉求，标准是需求的表示，也是建立标准体系的重要方法。标准化活动的本质是涉及一定范围内规范性文件的制定过程、发布过程、执行实施过程的科学管理活动，整个标准化的过程应是不断循环、螺旋上升的运动过程，其基本任务和主要内容是完成标准的制定、修订和贯彻实施等活动过程。因此，标准和标准化两者都是为了寻求目标领域范围内最佳活动秩序和最优资源整合的过程，标准强调作为规范性文件的统一性，是一种相对静态的概念，标准化则是与标准有关的过程化，是相对动态的概念。

标准管理是对标准的制（修）定、执行实施、信息反馈三个基本过程进行科学管理的活动，这三个基本过程是标准化过程的最基本要素。其中标准评价是标准水平不断提升与发展的过程，标准的科学管理离不开标准评价。评价标准既是标准管理的重要内容，也是标准化过程的重要内容，标准水平的分析评价方法研究是建设先进标准体系首要解决的问题，标准水平的分析评价流程主要可分为项目需求分析、标准化分析、标准技术分析、编写最终评价结论四个步骤。标准的精确判断和评价需要丰富的要素体系作为支撑，合格标准主要包括需求、知识、特征、使用价值、影响力等要素，这些要素又可用于指导标准管理所涉及的各个环节的评价工作。此外，标准评价过程应当遵循经济性、先进性、适用性的基本原则，对一项标准展开科学的评价工作是制定高质量标准的重要环节。

标准制定主要考虑科学适用性等方面的内容，而标准实施后主要考虑其产生的绩效。重视标准的适用性评价可以从标准的技术水平、标准的协调配套性、标准的结构和内容、标准的应用程度和标准的作用五个方面展开，标准与标准化所产生的各种绩效在一定程度上是可以科学测量的，标准评价应实现针对其全过程的标准综合评价。从标准的制定、实施、监督和评价等一系列基本标准化活动的全过程的时间先后来看，所形成的标准体系是对标准进行组织管理的系统模式，领域内的单项标准通过互相关联组合构成的科学有机体。标准体系作为整个标准化过程的中间环节和组成内容起到承上启下的重要作用，标准体系构建与运行过程中只有不断地进行信息反馈才能提高标准系统的总体效益，是从整体上针对领域内标准所组成的标准群网络体系的评价，而评价、确认与改进工作是标准化工作不可缺少的环节，需要通过持续的科学评价活动来对其进行科学管理。

综合标准化是在标准化科学与系统科学理论与方法指导下产生的现代标准化新方法，是科学技术发展水平和经济生产水平发展到一定程度的必然产物，是对传统标准化的继承与创新。综合标准化作为现代标准化管理的创新方法，具有综合性、目标性、系统性、整体协调性、闭环控制性、计划性与风险性的特点。作为一个系统，综合标准化主要包括系统的目标、主体、客体与机制四个要素，其中的目标要素包含标准化对象性能目标、服务过程绩效目标等；主体要素包括标准的起草主体、实施主体、管理主体和受益主体；客体要素是指标准综合体及标准；机制要素则包括运行机制和保障机制等。综合标准化是实现标准化能力提升的重要途径，需要把标准化对象及其相关元素视作一个完整的系统，围绕标准综合体这个核心并将标准化提升到科学系统水平上来，从而实现科学的标准和标准化管理。从这个意义来说，综合标准化与标准化体系都是从系统科学的角度来对标准化对象及其要素进行更科学的管理。着眼于高等教育质量发展，由于高等教育本身就是一个复杂的系统，因此高等教育质量的标准化也同样具有复杂特性。在建立标准综合体的过程中，需要注重多个利益主体及对象要素的协调，高等教育质量标准化方法宜采用综合标准化的形式，也就是将高等教育质量标准及其相关要素作为一个相对完整及完善的系统来展开相应标准化工作，要尽可能实现明确高等教育标准化体系构成要素的范围，确保标准化内的各项标准完整明晰。

三、高等教育质量管理理论

《现代汉语词典》将高等教育定义为在完成中等教育的基础上进行的专业教育和职业教育，是国家培养高级专门人才和职业人员的主要教育活动。高等教育是教育系统中的重要组成部分，通常包括以高层次的学习与培养、教学、研究和社会服务为其主要任务和活动的各类教育机构。高等教育的基本任务和根本任务，就是对各种高级专门人才进行知识与技能的培养，同时包含科学技术研究与社会文化服务等职能。

提高质量是高等教育的生命线，是国家中长期教育改革和发展规划要确定的重要方针，是世界各国进入高等教育大众化阶段后面临的共同问题，也是我国高等教育发展的必由之路。我国现代高等教育发展只有一个多世纪的时间，并在艰难曲折中不断前行。20 世纪 80 年代以后，我国的高等教育迎来了前所未有的发展机遇，蓬勃发展的高等教育为现代化建设持续输送高层次人才，提供了高水平的智力支持和社会服务。目前，我国高等教育改革发展中最为紧迫、最为重要的任务就是全面保障与提升高等教育质量，从而解决我国经济社会发展的深层次矛盾，把握新科技革命和知识经济的时代特征，并真正顺应全球强化高等教育质量的新浪潮。从高等教育的本质来看，高等教育质量就是指高等教育人才培养管理服务工作自身的水平高低、优劣程度，和高等教育培养出的人才所具有的知识与技能的水平高低。

高等教育的发展与国家文化知识创新发展水平有紧密的联系，高等教育质量管理必然与所处的知识、文化和创新环境相关联。高等教育作为研究、传授科学文化知识的场所，在民族文化和科学知识文化的传承与发展中具有特殊的地位和影响。在国家创新体系中，高等教育人才培养工作具有重要地位，对国家创新体系的建设和完善发挥着关键作用。《教育部关于全面提高高等教育质量的若干意见》中明确提出要全面提高人才培养质量，可见全面保障和提升高等教育质量是我国高等教育事业发展的重要任务，也是加快国家创新体系建设的重要内容。文化育人、文化传承与发展是高等教育的重要任务，要保障高等教育人才培养质量就必须科学制定国家层面的高等教育质量标准体系。开展高等教育质量标准体系的评价与创新研究能为高等教育质量标准体系科学管理提供理论基础和信息情报支持决策服务，面对全面提升我国文化影响力和软实力，以及创新能力的需求，开展高等教育质量标准体系评价与创新研究是提高我国高等教育质量水平的必然选择。

四、高等教育质量评价体系的现实意义

高等教育质量标准体系评价研究的现实意义在于确保高等教育活动能够满足社会和个体的需求，并对高等教育活动的现实或潜在价值进行评估，从而实现教育价值的增值。这种评价活动有助于提升高等教育资源的配置效益和使用效益，促使政府相关部门不断改进高等教育资源配置，同时也有助于保证高等教育的质量，提供与高等教育质量相关的信息，向学生和社会保证高等教育的质量。评价体系的建立还需要健全完善市场经济法律法规，建立多元化的评价主体，并不断丰富和发展评价的主体，以确保评价工作的有效开展。

高等教育质量标准体系评价与创新研究具有跨学科研究视野，是高等教育质量评价与管理研究的深化和具体化，是高等教育理论、标准化科学、评价学、情报学等学科应用领域的交叉融合，是信息管理与管理研究的突破，是高等教育管理和高等质量管理研究的全新维度。开展高等教育质量标准体系评价与创新研究，不仅可以丰富和完善相关学科的理论与方法体系，还可实现国家层面的高等教育质量标准体系在高等教育质量管理实践中处于基准、导向与诊断角色。开展高等教育质量标准体系评价与创新的探索性研究是连接高等教育质量管理理论研究与实践应用领域的桥梁。

首先，开展高等教育质量标准体系评价与创新研究有助于全面提升高等教育质量管理水平，为高等教育事业改革发展的战略转型提供参考，全面树立以提高质量为核心的教育发展观，高水平完成高等教育事业改革发展的核心任务。2010年出台的《国家中长期教育改革和发展规划纲要（2010—2020）》明确提出要制定教育质量国家标准和建立教育质量保障体系，并针对高等教育提出了全面提高高等教育质量和提高人才培养质量的发展任务，通过高等教育特色和结构层面的不断优化，使其不断提高高等教育质量来提高高等教育服务于国家经济和社会发展的能力。想要全面保障与提升新时期下的高等教育质量，就需要从国家层面科学建立高等教育质量标准体系，科学地指导高等教育质量标准的制定，从而不断优化高等教育结构，并对各类高等教育进行分类管理和建立学科专业的动态调整机制。这是落实《国家中长期教育改革和发展规划纲要》各项工作方针、战略目标和战略主题的重要体现，也是应对高等教育发展任务的必然选择。高等教育人才培养质量标准、专业教学质量标准和学位授予质量标准都是高等教育质量标准体系的组成部分，解决高等教育改革发展中的各项问题，是提升高等教育国际化程度和国际竞争力的现实需要，是适应新形势下高等教育改革发展的必然选择，有助于更好地推进和实现我国高等教育从规模扩张向质量内涵发展的战略升级转型。

其次，开展高等教育质量标准体系评价与创新研究有助于拓展学科领域之间的交叉融合研究，提高资源整合利用率，促进交叉学科的建设与深入发展，这是国家创新体系发展建设的需求。开展高等教育质量体系评价与创新研究有助于拓展学科领域之间的交叉融合研究，推动新兴交叉学科的建设，其质量体系评价的更新与共同体重构可以使知识体系交叉融合和迭代发展，从而推动学科之间的交叉研究。此外，产教融合的创新形态也能够促进教育与产业、科技之间的联系，有效集聚各方创新要素，推动学科交叉融合和跨学科研究，习近平总书记也多次强调要支持重点学科、新兴学科、冷门学科和薄弱学科发展，推动学科交叉融合和跨学科研究，构筑全面均衡发展的高质量学科体系。基于对评价理论、标准化科学理论、信息管理理论以及传媒学科特点和传媒类高校建设发展现状等领域之上的交叉研究、探索具有一定的理论学科价值、方法论价值和应用价值，这是多个学科领域研究的新突破尝试，有助于促进传媒类高校标准化评价体系的建设。

最后，开展高等教育质量标准体系评价与创新研究有助于推动国家创新体系的建设，并实现高等教育质量标准体系的科学管理。在国家创新体系中，高等教育人才培养工作与质量管理对国家创新体系的建设起到重要的支撑和保障作用。高等学校的科学定位及人才培养质量的全面保障与提升是国家创新体系建设的重要内容，可以通过相应的高等教育质量标准体系来实现科学管理和规范。同时，人才培养水平是衡量高等教育质量的首要标准，制定高质量的高等教育质量标准体系是保障高等教育人才培养的重要举措。此外，高等教育质量标准体系是我国高等教育在面对新形势、更好保障和提升高等教育质量方面的重要手段和工具，科学管理是高等教育大众化、多样化和国际化进程中，实现全面保障和提高高等教育人才培养质量的必然选择。科学管理高等教育质量标准体系，对于整个高等教育质量标准化目标的高效实施具有重要意义，为高等教育质量标准体系合理构建与实施提供理论基础与方法指导。

第二节　国外高等教育评价理论研究热点与述评

课程一词源自拉丁语“竞赛战车”，它是由赛马场发展而来，描绘了跑步的过程和学习课程的竞争性。泰勒的《课程与教学基本原则》从综合的角度出发，将课程研究构建为公认的实体，激起了研究人员对社会和政治因素如何影响课程的研究兴趣。教育领域的从业者普遍认为，课程的定义并不是唯一的。《牛津英语词典》将课程定义为构成学院或大学学习课程的科目，《韦氏新国际词典》将课程定义为特定的固定课程，然后在学校学习以获得学位，艾根将课程定义为学生在学校指导下获得的所有经历，而博比特认为课程是学生必须完成的一项活动，以获得经验和获得构成成人生活且适合成人的任务所需的技能。德·朗特里在《教育词典》中将课程定义为：教育机构为满足学生的需求并实现预期教育目标而创建的思想和活动的框架。一般来说，课程是指为通过一定教育水平而遵循或完成的学习过程。更具体地描述课程包括教学文件、教学计划、学习机会、学习活动、学习心得、学习技巧和目标、策略和指导方法、预期结果，还包括从开始到结束的项目，是一个完整的学习过程。

教学大纲是课程中的重要部分。约尔登认为，教师可以使用它来使课堂上发生的活动与学生的需求和目标保持一致。里德认为，教学大纲是一个将课程目标的理念转化为课程材料的操作文件，为教师设计课程和学生制订目标提供指导。艾伦提出教学大纲是一个课程部分，详细说明了教授的具体单元。迪宾和奥尔斯庭指出，教学大纲是对教学和学习组成部分的更全面和实用的解释，它将课程的理念转化为一系列计划程序，从而在每个级别实现更精确的具体目标。学者和评论家普遍认为课程和教学大纲设计是相互交织的。努南提出教学大纲设计涉及课程的内容选择、组织和论证，其需要各个阶段的逻辑发展，包括需求分析、目标制定、内容选择、内容组织、学习活动选择、学习活动的组织，以及关于需要评估什么以及如何评估的内容。课程设计者以不同的方法传达相同的主题或特征，完整的教学大纲有助于教师明确目标并简化教学。有计划和有组织的课程能够有针对性地实现教育目标。建立与这些目标相符的材料、选择实现计划的策略以及评估策略都是课程设计过程中的标准步骤。

格雷夫斯在他的《教师作为课程创造者》一书中为课程设计程序提供了宝贵经验，他指出课程设计程序包含七个评估：

第一，需求评估：学生的需求是什么？教师如何评估他们以便管理他们？

第二，设定目的和目标：课程的目的和预期成果是什么？为了实现这些目标，学生必须做什么或学什么？

第三，概念化内容：教师将教什么？教师的教学大纲中将包含哪些内容？

第四，材料和活动的选择和开发：教师将如何以及用什么来教授课程？教师应该做些什么？学生的责任是什么？

第五，材料和活动组织：教师将如何组织内容和活动？教师将设计什么样的体系？

第六，评估：教师将如何衡量学生的进步？教师将如何评估课程的有效性？

第七，考虑资源和限制：教师的情况有哪些？

罗伊斯将评估定义为应用于管理过程以帮助决策的研究，弗格森认为，基于定量事实的评估往往更加客观，它通过收集数据来评估教育计划、项目、方法或目标的价值，以及旨在实现目标的替代策略的潜在价值。还有学者将评估描述为评估对象的价值或价值的系统过程，它可能包括客观评估的组成部分，并且通常需要更大的背景和更广泛的计划目标。斯塔弗尔比姆和科森对评估的定义有着更详细的解释：评估是描述、获取、提供和应用有关某些对象的目标、设计、实施和结果的优点和价值的描述性和判断性信息的过程，以指导改进决策、提供问责报告，为制度化和传播决策、改进决策以及对现象的理解提供信息。尼沃将教育评估定义为对学术对象类型和质量的数据的系统收集，他在两种观点之间做了妥协。学术研究旨在了解有关如何实施教育的普遍信息，评估涉及获取事实以作出判断，并为在选项之间进行选择提供基础，评估与基础研究的不同之处在于，它侧重于项目特定的特征，而不是常规熟悉的特征。

教育理论家通常将课程描述为社会与学校之间的联系、学习环境中刺激的主要来源或与学校目标相关的学生行为。斯塔弗尔比姆指出，由于对课程、教学结构、教与学之间的界限缺乏共识，课程研究和评估的精确功能难以被界定。韦尔奇和沃尔伯格将课程描述为完成明确或隐含目标的材料或预先计划的活动的集合。从历史上看，科学文本、学习课程和教学大纲构成了课程。罗宾逊认为，通过课堂教学和相关计划为学生在课堂内外和社区内计划的所有学习体验的目的，目的、内容、程序、资源和评估方法是课程的组成部分，而根据莱恩伍德的说法，教育理念、信念、目标、组织结构、资源、教学技术、学生体验、评估和学习成果都包含在课程中，课程可以分为四个层次：课程设计、教学大纲、教材和实施。课程评估是学校管理的一个重要方面，需要有组织地协作。课程管理的重要职责应由各级教育行政部门和学校管理机构共同承担。可见不同学者站在不同视角，对课程评价给出了不同的定义。

由于学生入学竞争的加剧、技术进步和地理覆盖范围的扩大，高等教育正变得日益全球化、多样化和具有竞争性，各种评估方法也被用来评估高等教育机构。1929 年，美国著名教育家泰勒提出了以教育目标为核心的教育评价原则，今天的教育评价理论就是在泰勒的思想基础上发展起来的。他的教育评价内容包括：根据项目目标的实现程度来评价学术计划，将学生的学习行为作为评价的辅助依据。盖尔伯进一步解释说，不当的绩效评估方法往往会导致教育走向错误的方向。因此，学生必须对学习效果、思维能力、思想道德、兴趣理想、课程、师资等多方面进行全面的调查和分析。要知道教育目标的分类是为了更好地实施客观评价，而不是表达理想的教学愿望，只有具体和明确的目标才能被衡量。基于这一理论，他主张诊断性评价、形成性评价和总结性评价，强调教学中的“正式评估”以改善教育过程。

20 世纪下半叶，欧美逐渐形成了多种教育评价组织，包括美国模式、欧洲模式、英国模式等。在美国模式下，美国大学享有高度自主权，主要依靠各类专业学术机构和团体进行教育评估，形成按类型、专业、地区划分的高等教育评估体系。美国主要通过高等教育委员会对私立学校进行认证。在欧洲的大部分国家，如德国、法国、意大利等国家政府严格控制高等教育评估，政府直接组织并参与审查。在英国，由于历史的原因，大学拥有很大的自由度。政府主要通过高等教育基金委员会对大学进行评估，评估机构相对中立，但评估结果可以作为委员会资助的参考。高等教育质量保证机构每六年对学院和大学的教学进行一次评估，研究评估活动及评估学院和大学的教育水平。

评估高等教育机构有许多不同的方法和框架。根据文献研究，模型根据几个因素进行分组，包括评估者、评估技术和设计和评估目的。进入 20 世纪以来，教育评价由于其不断完善和广泛实施而备受关注。教育项目的质量和发展是整个教育系统的首要任务。高等教育界著名的四种评估模型分别是泰勒的客观模型、斯塔克的响应模型、斯克瑞文的无目标模型和斯塔弗尔比姆的 CIPP 模型。这四种模型广泛用于各种评估任务，但主要用于评估教育项目。应用上述概念对于中国评估人员来说是非常有益的。课程开发和评估通常采用泰勒的目标模型，该模型评估课程是否达到其目标；当可用于检查的时间很少并想要快速判断时，可以使用响应模型。斯克瑞文的无目标模型旨在提高评估的有效性和意义；而 CIPP 模型则非常适合寻求认证的大学，因为它能使评估人员评估机构和项目的运行效率，评估者在决定评估的最佳替代方案时应考虑他们的需求和评估经验。

课程评估通常是一个复杂的过程，需要考虑许多变量。一种方法是将课程评估区分为形成性评估或总结性评估。斯克瑞文描述了课程的形成性评估通常是在实施的开发步骤中进行的。它包括有助于改进预期计划的活动：收集有关计划实施过程和进展的信息并评估形成性评估结果，从而有助于促进修改计划。在开发步骤结束时，将进行总结性评估以确定效果。结果将产生关于整个课程有效性的最终报告。完整的课程评估将包含十几个或更多不同活动的要素，它实现了两个基本目的：首先，它提供了一种收集可用于增强课程的数据的方法；其次，它为选择采用课程和高效服务提供了基础。前者是形成性评估，后者是总结性评估。形成性评估有助于确定正在开发的课程，而总结性评估旨在得出有关已完成课程的结论。课程评估有助于确定是否接受或拒绝某个项目、需要进行哪些更改以及使用该项目的理想环境。只有运用到课程中，课程评价才有意义，它必须以一组能够定位课程现象和逻辑论证中与评估相关的部分的概念为基础。课程的价值是课程评估中应该考虑的。评估模型将成为识别不同课程组成部分的好坏和意义及其优缺点的主要工具。

评估的目标之一是评估课程的价值，同时也应该对评估方法进行评估。然而，根据莱维的说法，这里存在两个风险。首先，评估可能会变得僵化，它可能过于执着于传统的模式、系统或模型，而忽视了每种情况下的具体情况。评估人员可能希望使用相同的方法和工具来分析每个程序，他们不想不断验证模型的普遍性，而是希望现实符合模型。其次，评估团队可能会沉迷于追求完美。他们可能会投入过多的精力来增强措施的有效性，而这些措施不一定与项目相关。莱维强调，评估组织必须保持警惕来避免这两种情况出现，评估不应该遵循严格的工作计划，也不应该追求极端的完美主义。评价不是目的，是一项可以帮助课程开发人员提高其产品标准的服务。

泰勒的目标模型（目标导向模型或目标达成模型）是于 1942 年提出的。该模型的基本原理是将行为前的目标与实际结果相匹配，旨在评估绩效与结果之间的一致性。该模型认为，评价过程本质上是确定课程和教学大纲实现教育目标程度的过程，教育的目的是让学生改变，是让学生行为模式的预期发生改变。因此，评估是确定行为实际变化程度的过程，评估了学习目标的实现程度。泰勒认为，该模型有四个过程：选择教育目的、选择学习经验、安排学习经验和评估，如果评估者想要确定程序是否实现了其既定目标，目标模型是最好的选择。因此，在采用该模型之前，评估者必须确保项目的目标在整个项目执行过程中是明确且恒定的。目标模型是最早、相对完整的评价模型，深刻影响了 20 世纪的评价理论和实践，为评价领域的后续发展开辟了新的道路。这种目标模型在评估方面有两个优势：首先，这种评价模式开创了测验的新形式，泰勒认为源自智力测试的常规参考测试，旨在区分考生，对了解学生的学习进度没有太大意义，相反，客观考试更有利于判断学生的学业进步，完善课程和教学计划；其次，泰勒的目标模型结构严密，可操作性强，操作流程完整，包括目标群体筛选、目标、学习情境、工具和测验、信息测试等，这一模型中的教育目的是预先确定的，结果仅与预先确定的目标进行比较，有助于确定新课程的目标并评估随后实现目标的程度。

泰勒的课程建设范式受到广泛认可，然而，也有学者对此模式提出了批评。有学者批评这一概念缺乏反馈系统，无法指导利益相关者或评估者对进展进行处理，这意味着使用泰勒的目标模型评估项目对于确定或提高项目的价值并不是很有用。而且，目标模式中存在为评估者分配技术职能并强调目标高于一切的缺陷，通过关注行为，评估常常会忽视那些不属于目标的现象，并忽略这些细节，目标并非涵盖所有主题，无法评估目标不稳定的项目，因为计划在实施过程中可能会发生变化，所以目标模型不能用于评估任何目标不明确的教育计划。此外，该模型成功地设计了认知领域的行为目标，但对情感和技能目标的编制并不成功。同时，一些教育目标无法用行为语言充分表达，例如成长和绩效目标，这些目标难以量化和操作。泰勒的方法经常判断教育项目是否成功，而忽略了过程的同等重要性。

20 世纪 70 年代，斯塔克开发了一套教育评估系统，该模型侧重于在该地点发现的关键问题，并且对评估课程的活动和程序更感兴趣而不是结果。这一响应模型作出了各种衡量，以最大限度地提高项目参与者和其他周围人的结果的相关性。对于教育意图和受众的信息需求来说，响应评估对教学行动更为敏感，它凸显了主要利益相关者的担忧。评估者积极参与评价过程，并提供持续联系和反馈的渠道，评估者还必须收集参与该计划或与该计划关系密切的人员的观点和意见。斯塔克的响应模式具有的优势体现在以下几点：首先，使用响应式模型使评估人员能够快速理解该计划，并识别不同利益相关者的关键问题。其次，响应式评估使用丰富的数据来解释评估目标，以便受众可以详细了解细节。最后，受众可以对评价者的评价作出回应，并通过响应式评估了解评价者的困难和担忧。此外，响应式评估更强调程序特征而不是客观数据，该评估方法侧重于活动观察、项目负责人访谈和相关文件提出，使提出问题、解决客户问题和快速修改问题变得容易。响应模式创建模型所需的时间可能很长，并且受众参与创建细节可能不合适，因为他们缺乏必要的知识。如果评估者缺乏专业知识，那么使用响应式系统同样会很棘手，同时由于评估者和利益相关者之间关系密切，评估者作为资源人员而不是研究人员，其职能不明确。这一模式在保留评估重点方面相当灵活，但可能无法充分解决某些具体问题。

1973 年，迈克尔·斯克瑞文创建了无目标评估模型，评估者官方宣布的计划目标和目标在无目标评估方法中被保留或去除。这种全新的“无目标评估范式”，用于排除项目目标的项目评估，由于它可以发现不可预见的积极和消极后果，这种范式已在课程评估中被设计和默认使用了 40 多年。这种方法鼓励评估者决定每一个策略，与基于目标的评估相比，它是一种侵入性较小的技术，重点关注教育计划的计划和意外效果。波帕姆概述了无目标评估者如何关注教学设计者的教育计划产生的结果，而不是教学设计者描述他们希望实现的目标的言辞，这并不意味着无目标评估应该取代基于目标的评估。无目标评估方法的主要优点之一是能够关注更广泛的项目成果，而不仅仅是那些与项目目标直接相关的成果。在这种情况下，无目标评估者可以充当内部评估者或外部评估者，可以补充基于目标的评估。根据雷曼的说法，这是一种适应性更强的评估，侧重于识别额外效果并衡量目标的成功。此外，斯克瑞文支持对计划或课程的许多阶段和方面进行形成性和总结性评估。形成性评估用于更清晰地向系统或程序创建者提供反馈，并为程序用户提供对已完成程序的总结审查。当项目中的多个利益相关者有不同的目标时，无目标模式可以通过消除目标的干扰来避免这个问题，还可以修改无目标评估的细节以适应计划目标、消费者需求和资源可用性的定期变化，这是因为消费者需求、计划的基础和环境是动态的，并且会随着时间的推移而发生变化。尽管无目标模型有着悠久的历史，但很少有学者对其进行深入的研究，因其在概念上的抽象化和高度理论化，评估者很难利用其展开评估教育项目的活动，因为他们熟悉理论范式而不熟悉现实，几乎无法在实践中应用无目标评估模式。

CIPP 评估模型由丹尼尔·斯塔弗尔比姆在 20 世纪 60 年代末创建，是最古老且经过最充分测试的模型之一。这一概念最初是为了加强和实现美国教育项目的问责制而提出的，现已广泛应用于各个行业，包括商业、军事、社会经济研究等。CIPP 是公认的教育评估模型之一，在各类学校和教育组织中使用广泛。斯塔弗尔比姆强调任何专业人士都可以在项目评估中采用 CIPP 模型，例如教师和管理人员，该模型是“指导计划、项目、人员、产品和评估系统评估的综合框架”。CIPP 模型的类别包括形成性评估和总结性评估，对于改进信息收集和报告至关重要，在评估已完成的项目、计划或服务绩效的活动时，它们也被视为总结性的评估，为了帮助利益相关者作出决策，形成性评估会收集并呈现所收集的信息。为了建立问责制，总结性评估要着眼于已完成的项目、计划的活动或例行公事。形成性评估须查明需求并根据需求、可能性和资产情况制订评估目标，它还适合收集有关所选方法的性能指标的数据以及选择替代方案的理由。总结性评估记录成就、评估结果、比较需求和成本并作出恢复选择，而形成性评估则利用从过程中收集的数据来推动实施。两份评估报告可以一起使用，因为它们并不是完全分开的。

事实证明，CIPP 模型有利于评估过程的有序进行。首先，各种评估场景可以快速应用于此模型，CIPP 的实践基础是“边做边学”。CIPP 模型能够识别和修复评估实践中的错误，它也是创建和测试新技术以获得更有价值方法的一种手段。其次，CIPP 模型的四个方面既可以单独使用，也可以用于评估项目或计划，具体取决于评估的需要。最后，使用 CIPP 模型进行评估是较为简单清晰的，CIPP 四个部分较为直观地评价了教育过程中背景、输入、过程及成果。但该模型建立在“道德美德是客观的、独立于个人或人类情感”的理念之上，缺乏人的主观性，因此可能无法得出准确的判断。根据哈坎和塞瓦尔的说法，评估者偶尔无法回答具体的基本问题是这种方法的一个弱点。此外，由于所有利益相关者群体的平等性和参与的需要，评估可能会耗时、耗财且具有挑战性，作为一种自上而下的管理方法，CIPP 模型依赖于管理层基于共识的选择。

所有合法的评估都包含多种目的，无论使用何种评估模型，都要寻求促进和传播知识、帮助决策并强调举措的优点和缺点。CIPP 模型认为评估的主要目标应该是改进而不是证明任何东西，因此 CIPP 评价模型有着较高的认可度和可信度，它也被定义为最适合高校教学评价的模式之一，这也是本书作者试图以 CIPP 模型为框架来确保评估过程的有效性的原因。

还有很多评估模型被不断地研究和应用。面貌模型是斯塔克于 1967 年提出的一种课程项目评价方法，代表了多元课程评价理论，强调课程实施者的目的和判断、教学背景条件、课堂活动以及学业成绩的偶然性与多样性。该模型评价包含三个方面的数据：一是前提数据，包括教学活动前教师和学生的状况、课程内容、教材编写、社会背景等；二是实时数据，包括沟通状况、时间分配、事件顺序、社会氛围等各种教育教学情况；三是结果数据，包括学生的学习效果、教师、管理者和其他相关人员的工作效果等，这一模型基于观察和反应，是传统定量评估的替代方案，常用于评估艺术领域的项目。

鉴赏评估模型将教育过程定性地描述为一种新的结果，使用审查评估模型进行研究的目的是描述和阐明具体程序的优点，通过描述、解释、评价，人们可以对实际现象有充分的描述，这一评估模式一般使用定性研究，包括个人观察、根据专业标准得出的结论以及小组意见等。这种评估方式从审美角度出发，注重艺术性，对艺术教育具有重要意义，但评估过程容易受到主观性和偏见的影响。

巴顿于 2002 年提出了以利用率为中心的评价模型，它是一种可以提高评价的效用和实际利用率的决策框架，这个模型强调了根据实用性和实际用途来判断评估的重要性。因此评估重点是目标用户的预期用途，评估人员必须仔细考虑评估的全过程，因为个人和情境需求会严重影响评估结果。评估人员可以使用任何被认为相关且适合具体情况的评估材料、模型、技术或理论进行评估，该模型可用于形成性、总结性或发展性评估。该模型可以利用来自定量或定性方法的数据进行评估，其主要目标是为目标用户提供各种选择。

大卫·费特曼在斯坦福大学开发了赋权评估模型，旨在将评估作为计划、规划和管理的一部分来增加实现计划成功的可能性。它使用定量和定性的数据进行评估，这一模型可以用于个人评估，但更侧重于项目的评估。该模型的评估需要三个主要步骤：一是制订计划的使命和愿景声明，从而在计划的关键术语、价值和长期成果方面达成共识；二是排序，在此步骤中，评估人员和利益相关者将列出活动并确定其优先级，并对最重要的评估项目进行排名；三是干预，是对未来计划的干预，因此每项活动的数据收集形式和现实策略旨在实现其目标。这一评价方法是通过协同设计，赋予项目管理和人员所有权。

帕利特和汉密尔顿创建了称为启发性评估模型的自然评估方法，其主要目标是提供教育活动的综合图像。该模型的目的不是程序测量和预测，而是描述和解释，能够明确教育计划的问题和基本要素。该方法包含三个阶段：观察、询问和阐释。观察是早期收集数据的主要方法，评估者通过观察来适应计划，建立活动和事件的连续记录，描述计划并了解所提供课程的背景，同时对可能影响程序的因素进行了调查；询问阶段强调向参与者提出问题，进一步了解并强调计划的重要方面，访谈是了解参与者观点的重要途径，主要进行开放式访谈，以获得所需的信息和意见；阐释阶段中评估者在此描述计划发生的原因和影响，并作出决策以寻找解决方案和改进。这一评估模式的优点是其具有多功能性，强调评估不应围绕方法论要求而建立，而应有一个定制计划，以各种组合部署技术和方法，以适应研究的性质，并认识到本研究的需求和限制、资源和边界。

20 世纪 70 年代初期，司法评估模型的创建是为了适应法庭诉讼或司法实践的方法，这一策略鼓励个人表达相互矛盾的观点。两个评估小组将执行整个评估程序，一组将展示该计划的良好观点，例如律师在法庭上的角色，而另一组将强调该计划中发现的缺陷，要求利益相关者、参与者和受影响的个人提供有关该计划的反馈，该模型旨在让参与者全面掌握该程序，解释复杂的主题，并获得准确的了解，优点是可以通过冲突从两个对立方获得更广泛的信息并提高证据质量。由于对抗过程的透明性，证据偏差的减少，将得出更明智的结论。缺点包括容易出错的仲裁员、法官的能力以及该计划所需的额外知识，而这些知识可能成本高昂。

柯克帕特里克的四级评估模型于 1959 年开发，最初用于评估企业培训和发展项目，该模型侧重于四个评估级别：反应、学习、行为和结果。四个级别的评估必须按顺序进行，反应是指关注参与者的意见以及对所接受培训的满意度；学习是对参与者获得的技能、知识、价值观和能力程度的测量或评估；行为是指评估参与者在参加课程、展示新知识、新技能或转移到改善其态度的工作后行为的改变程度；结果侧重于参与该计划的结果或影响。该模型提供了一个清晰的框架，评估始终从第一级开始，并随着预算和需求的出现而上升。上一级收到的信息将作为下一级后续评估的基础。

第三节　我国教育评价理论研究

高等教育质量标准体系是高等教育质量标准化的核心表现形式，实施高等教育质量标准化是追求科学保障与提升高等教育质量的一种意识，也是面对高等教育发展与改革各种新环境的一种需求。从狭义标准化的内涵来看，高等教育质量标准化主要包括高等教育质量标准的编制、发布和执行实施三个过程，以提高高等教育管理水平和高等教育质量为最终目的。因此高等教育质量标准化要想科学地实现可持续发展，应该重视并加强高等教育质量相关标准的制定、审核、监督、评价和修订，从整体上构建科学合理的高等教育质量标准体系，以推动高等教育质量标准及其标准化水平走向国际化，并不断提高我国高等教育质量标准化的工作效率和绩效水平。

教育评价的范围很广，按照教育评价的范围、主题、内容、方法、标准和功能等不同维度进行划分，可以将教育评价分成不同类型。最常见的是将评价分为量化评价和质性评价两种。其中，量化评价是指对评价对象进行定量分析后，制定出量化标准，然后按一定的量化标准进行价值判断的一种评价方法。量化评价主要采用定量计算的方法，运用一定的数学模型和数学方法，用数字作出定量结论，包括运用教育测量与统计的方法、模糊数学等方法，对评价对象用数字加以描述。在教育评价实践的历史上，科学性、客观性曾经是人们长期追求的目标，量化评价有客观的评价标准、客观的控制手段，获取的信息也较为客观、精确，评价结果一般具有客观性，且可信度较高。但在现代教育评价中，人们对量化评价的客观性、科学性持怀疑的态度，教育活动领域内的许多因素是不可量化的，如果将量化方法用于不可量化的内容，其量化的结果显然可靠性不高，即使是可以量化的内容，也会由于量化标准的制定及操作过程的不当得出非客观的评价结果。此外，量化评价标准的制定及指标的赋值也很难做到完全客观，并非教育活动中的所有行动都能够量化，如果可量化的信息只有一部分，也无法全面反映评价对象的整体状况，那么评价结果的客观性便会产生偏差。质性评价是在自然情景中，通过评价者与评价对象的互动来收集相关信息的，如采用参与式观察、开放式访谈、调查、查阅各种文献资料等方式，来获取评价对象各方面的信息，从而对评价对象的状况作出描述与分析并进行价值判断。运用质性评价方法有利于教师了解学生的整体状况，并制订有效的施教方案，同时质性评价的工具丰富，过程也较为灵活，简单易行，但质性评价的科学性与客观性的问题却一直受到质疑。主张量化评价的学者普遍认为质性评价主观性强，缺少客观的衡量标准，评价结果不具有可比性，评价信赖度难以检验。

根据评价的作用和功能，可以将教育评价分为诊断性评价、形成性评价和总结性评价。诊断性评价一般是指在某项评价活动开始之前，为使其更有效地实施而进行的评价，在高等教育领域，是为了使教育活动的形式、内容、过程等更适合活动对象的自身条件及需要而进行的评价。诊断性评价的目的是了解评价对象的基础和情况，为解决问题搜集必要的资料，找到解决问题的办法，以便进行指导。诊断有两种情况，一是症状诊断，二是原因诊断，前者着重找出存在的问题，后者则在明确问题的基础上找出原因，以便对症下药采取可行措施。在学校教学工作中，诊断性评价是经常使用的评估方法，可以在开展教学活动之前，运用诊断性评价了解活动对象自身的条件与需求，以便针对其条件与需求确定教学活动的目标、内容、形式、方法等，或根据诊断性评价对学生的能力、基础等进行了解与识别。形成性评价又称即时评价，是指在教育活动过程中用以调节活动过程，主要是为不断了解活动进行的状况以便即时对活动进行调整，保证活动目标的实现而进行的评价，旨在了解活动过程与活动本身存在的问题，为正在进行的教育活动提供反馈信息，并适时调节控制，以提高实践中正在进行的教育活动质量，从而促使活动实现预期目标，但不参与对活动效果的评定。形成性评价作为一种具有动态性的评价，总结经验教训，及时改进教育教学，目的在于形成适合教育对象的教学，帮助教师及时发现问题，提出改进教学的措施，使教师明确下一步的工作目标。总结性评价也称终结性评价，是指在某项教育活动告一段落时，对活动结果进行评价，但总结性评价并不局限于活动结束之后进行，在活动之中进行的、针对活动效果的阶段性评价同样也是一种总结性评价，其评价对象是综合的。

根据评价参照的标准，可以将教育评价分为绝对评价、相对评价和个体内差异评价。绝对评价也称目标参照评价，指以既定的目标为标准，对评价对象达成目标的程度进行的评价，评价标准是固定的，是由目标所决定的绝对标准，评价对象只与标准相比较，评价对象之间不进行比较，主要适用于合格性和达标性的活动。绝对评价预先确定目标和评价标准，使行为有了目的性和可比性，可以通过与标准的对比了解评价对象的实际水平，有助于明确与客观标准的差距，并且评价较为科学客观，但绝对标准也是由人来制定和掌握的，难以完全避免主观因素影响，科学、客观、可行的评价标准是发挥绝对评价作用的前提。相对评价又称常模参照评价，指在一个团体内，以自己所处的地位与他人相比较而进行的评价，其标准是根据被评价对象的整体状况来确定的，体现评价对象在总体中的地位以及与其他个体之间的差距，适用于选拔性和竞赛性活动，这一评价应用面广，便于比较。相对评价能够判定个体在群体内的位置，但容易忽略目标的实现程度，对评价对象如何改进活动状况不能给予实际的指导意见，容易使评价对象之间产生无休止的竞争，而且不同群体间差异性使标准不能被广泛应用。个体内差异评价是指以评价对象的某一状况作为评价标准而实施的评价，以尊重个性发展为出发点，充分照顾个体之间或个体内部某些方面的差异，不会对评价对象产生压力，符合个性教育的原则。在实际应用过程中，绝对评价标准是依据教育目标制定的标准，相对评价是在评价对象之中选取一个或若干对象，这是变动的标准，个体内差异评价的标准是个体自己，因此在个体内差异评价中增加相对评价的标准，在绝对评价的标准制定过程中更多考虑个体发展的需要，三者应相互融合，充分发挥各自优势。

教育评价具有鉴定和选拔功能。教育活动是一种有目的的活动，是否达到教育目的是评价教育活动效能的重要标准。鉴定意指对教育活动成效、优劣的甄别，具有选拔、分等的效能，能实现对同类评价对象之间优劣高低的比较。教育评价的鉴定功能，是指通过评价活动认定评价对象是否合格或达到某种程度或水平。教育评价的鉴定功能是与教育评价活动同时出现并始终伴随而存在的，因为其标准化的实现，决定教育评价具有对评价对象鉴定优劣、区分等级、排列名次、评选先进等鉴定功能。

在教育活动中，鉴定可以分为：水平鉴定，即根据一定的标准，确定评价对象达到标准的程度；评优鉴定，即对评价对象相互之间进行比较，评出优劣；资格鉴定，即对评价对象是否具有从事某种活动的资格作出判断。通过评价可以在水平鉴定的基础上，对符合某种标准要求的评价对象进行筛选，即选拔，从我国古代科举考试到现在的高考、研究生入学考试，都可以看出选拔功能的重要性，这是影响我国整个教育系统最重要的教育评价功能。因此，要更好地发挥教育评价的鉴定选拔功能，应避免滥用方法，同时明确选拔的目的不是淘汰，而是发展，要重视发展，重视教育目的的达成，同时应该保持适度的竞争，通过评价创设适宜的竞争环境，让教育在适度的竞争中实现并超越自我。

教育评价具有导向和激励功能。作为根据一定标准进行的价值判断活动，教育评价活动中的评价者常以国家和社会的价值和需要为准绳，设计一套评价指标和评价标准。评价对象为追求理想的评价结果和达到教育目标，就会致力于满足评价标准的要求，将评价指标和标准作为努力的方向，因此形成了导向作用，将评价对象按照评价活动所倡导的方向发展，对整个教育工作起到定向指导的作用，同时对评价对象起到激励督促作用，促使其看到自己的优点和不足，找出问题和原因，激发工作的主动性和积极性，学习的热情和自信心，最终保证教育过程顺利有效地进行。教育的导向功能往往需要通过评价来实现，以理论形态存在的教育目的能否起到应有的指导作用，取决于这一目的能否转化为具体的评价指标体系，成为教育评价活动成功与否的现实依据。在当代社会，教育价值取向呈现多元化态势，科学运用评价的导向作用，可以转变学校的教育观念，达到国家规定的各级各类学校的培养目标。教育评价可以为教育行政部门指明工作方向，帮助学校明辨自己的使命和任务，帮助教师和学生发现教学过程中存在的问题，明确发展的方向，以国家和社会的主导价值观进行引导。评价标准和配套的激励措施，就是把国家的教育方针、政策和上级主管部门的要求用一定形式表现出来，从而规定学校工作的目标和方向，规范学校的具体教育教学行为，避免了实际工作中出现偏离培养目标的现象。在教育评价活动中一般要根据评价目标设计评价指标和标准，然后依据评价标准进行评价活动，指标、标准和结果存在内在联系，采用不同的评价内容、标准会得出不同的评价结果，因此评价内容和标准就如同一盏明灯，指引教学活动的发展方向。同时教育评价的激励功能能够激发评价对象的内在动力，调动潜能，提高工作积极性与创造性，有利于公平竞争。当代评价体系特别强调把评价活动和过程当作为被评价者提供一个自我展示的平台和机会，鼓励被评价者充分展示自己的努力与成绩。因此，要充分发挥教育评价的导向和激励功能，就要把握好评价指标的方向性，构建现代教育评价指标体系就需要与先进的现代教育观念和思想符合，努力体现教育发展的方向性和时代性，同时要力求评价标准的客观性和评价结果的合理性，并关注评价内容的时代性，教育评价的内容和重点也应该做到与时俱进。

教育评价具有诊断和改进功能。与传统的教育评价强调优胜劣汰相比，现代教育评价更注重通过发现问题、分析并解决问题，使教育活动得到改进和提升。教育评价能够对教育活动中存在的问题进行揭示与分析，找到问题所在，进而提出改进和补救的建议，同时还具有促使评价对象反省自身问题、克服不足、改善不良状态、完善并促进发展的功能。通过发挥教育评价的诊断功能，获取关于教育活动实际状态、影响教育活动过程发展方向的各种因素以及教育活动对参与者的影响等方面的信息，并对其进行分析和整理，从而能够发现教育活动或被评价对象欠缺或偏离目标的要求的问题，同时发挥改进功能，通过评价发现存在的问题并及时反馈信息，促使评价对象不断完善和优化。教育评价的改进功能和形成性评价、诊断性评价密切相连，通过这一不断发展变化的过程，不断完善和改进并保证教育教学质量。因此，要充分发挥教育评价的诊断和改进功能，要强调诊断不是目的，改进才是根本，关键是要建立合适的标准，作为进一步发展的起点，为改进和提高下一阶段教育教学工作提供依据，有针对性地改变策略和方法，改进教师教学促进学生发展。

教育评价具有反馈和调节功能。在教育活动过程中，依靠评价获得大量信息，通过反馈调节教育教学活动，使之尽快达到目标要求，这是教育评价的调控过程。教育评价的反馈功能是指评价者将有目的地系统采集有关评价对象的信息及其意义，传递给评价对象，收集评价对象的反馈信息，以此来实现评价信息的循环，借此不断修正评价对象或评价者的行为。通过发挥反馈功能，教育评价活动也不断提高自身的合理性、正确性和有效性，逐渐深化对于教育活动现状和目标之间可能存在的差异认知，并以此为依据实现对教育活动的调节和控制。同时，通过对评价结果的反馈，可以让评价对象了解自身发展存在的优势与不足，从而调整自己的教育或学习行为，促进自身进一步发展，进而实现了调节的功能。因此，要充分发挥教育评价的反馈和调节功能，要注意及时反馈评价结果和有关信息，并以此为依据及时调整教育活动，确保教育活动取得预期效果。同时要倡导平等协商的反馈和评价方式，评价者和评价对象要在平等、尊重和互惠的基础上通过协商、讨论、辩论等不同沟通方式自主地调控评价活动本身，使评价者和评价对象展开交流和学习，开阔眼界并最终促进自身发展。

我国现代教育评价正朝着合理化、人性化、民主化的方向持续发展，主要体现在量化评价与质性评价互补、结果评价与过程评价并重、他人评价与自我评价结合、正式评价与非正式评价共存及重视元评价等方面。法国当代著名思想家莫兰在其《复杂思想：自觉的科学》一书中提到，对立的原则和概念是以不可分离的方式互补地联系着的，教育评价中的量化评价和质性评价正是这样一对对立的原则和概念。量化评价具有客观性、准确性，并且容易实施，还能运用计算机等先进工具进行数据处理，质性评价则是一种更为人性化、人文化的方法，更有利于评价对象的进步，但费时费力，实施起来也较为困难，努力将定量与定性相结合，将科学与人文方法相结合，表现了教育评价中科学化、合理化的追求，也体现了教育评价中的人性关怀。对过程和结果评价而言，教育评价的价值在于促进教育活动更好的发展，因此越来越注重形成、改进与服务的功能，本研究所采用的 CIPP 模式就包含了过程与成果评价两个方面，现代教育评价注重过程评价和结果评价、鉴定性评价和发展性评价的统一。同时强调在具体评价实践中将他人评价与自我评价结合起来，互相补充，兼顾客观性与人文性，自我评价与他人评价都应该成为教育评价的重要组成部分。正式评价作为评价者通过相对规范的评价程序和评价工具，通过专门组织的评价活动来了解评价对象的评价方式，使其具有较高的信度和效度，且结论也易被接受，但由于其执行需要耗费较大的人力物力和时间，而无法频繁组织此类评价活动，因此非正式评价可以将这两者相结合并发挥综合效应，但应注意避免其主观性过大、结论共享性较弱、评价程序规范性差等问题，合理规划运用。

元评价是对评价技术的质量及其结论进行评价的各种活动，简言之，就是对评价标准本身的评价，其目的是向评价者提出既有评价体系的问题和片面规定，即按照一定的理论框架、价值标准和规范程序对教育评价本身进行研究与评价。元评价的重要性在于评价本身也可能存在问题和偏差，没有一个评价标准可以确保包含所有评价元素，进行元评价就是为了查明评价中可能出现的偏差，并运用适当的方法来估计这些偏差的重要性，并对其进行纠正。在进行元评价时要关注评价初始评价结果是否达到了预期目标，评价初始评价结果是否客观、准确、有效，以及结果的可接受度，同时要重点评价初始评价工作本身的效益。一门科学能将自身列为其研究对象则标志着该学科走向成熟，对评价活动做必要的鉴定和监控，以减少偏差、矫正实务，使评价活动与评价目的的要求更加吻合，这也是教育评价本身获得更好评价效益的要求。

第四节　中外高等教育评价指标体系比较分析

高等教育是人类社会发展到一定阶段的必然产物。高等教育的含义随着历史的发展而发展，又因高等教育制度的逐步完善而趋于明确。通常来说，高等教育是建立在普通教育（或基础教育）基础上的专业性教育，以培养各种专门人才为目标。“高等教育国际化”这一概念于20世纪70年代诞生，中外学者对高等教育国际化的概念界定，提出了国际交流说、活动方法说、发展趋势说、过程说、精神气质说或文化说、结果说，以及能力说或人才培养说等多种学说。从整体上来看，高等教育是一个内涵复杂、丰富、多元的系统。高等教育国际化是世界高等教育跨国界、跨区域、跨民族、跨文化的交流与互动的过程，我国在发展高等教育的过程中坚持民族化和本土化，提升本国高等教育的教育质量和国际竞争力，培养具有国际竞争力的人才。

我国高等教育的评价主要是由政府或教育行政部门组织专家进行的，结合各高等院校的自评，确定高校的办学质量。目前，我国的高等教育评价制度正在日趋完善，并在实践中发挥了重要的作用。

美国在教育方面采用地方主持，州政府机构领导约束，联邦政府援助的模式，其高等教育评价体系经历了三个阶段的演变，第一阶段是以高校内部自我监控为主体的早期评价模式，第二阶段是以社会中介评价组织参与完善的输入评价模式，第三阶段是以多元为主体共同参与的过程绩效评价模式，高等教育管理的分权和多元化特征显得十分典型。法国的教育质量评价主要是由外部评价来扮演核心角色，主要目的是监控各高等学校的办学质量，以及政府的资助水平和经费的使用情况等方面，促使高等教育更好地适应法国经济、社会发展的需要，满足政府、社会的问责。英国高等教育质量保障体系呈现出明显的多元评价特征，主要体现在评价指标的多元性和评价主体的多元性等方面，并与拨款方式结合紧密，各高等教育机构要想获得政府的拨款，就必须努力加强自身学校实力的建设，并依托评价中介机构保证评价的独立与公正。荷兰政府则在高校评价中担任着宏观指导作用，同时荷兰大学协会从专业层面对学校进行评价，实现高校教育质量的提高、对整个社会负责和对高校的自主管理，每六年对每个学科的专业进行评价，是为高等学校的质量评价过程建立一个大体框架，有效地实现了高等教育质量保证的内外结合，在政府管理与院校自治之间达成了一定程度的平衡。

分析国外高等教育大众化进程中主要的质量评价制度，对于我国构建有中国特色的高等教育质量评价体系具有积极的借鉴意义。

我国明确建立高等学校质量评价工作始于1995年3月，在第八届全国人民代表大会第三次会议上通过了《中华人民共和国教育法》，其中明确肯定了要在我国建立教育评价制度，并且肯定了教育质量评价在我国各级各类教育中的地位。1999年1月1日开始实施的、于1998年8月通过的《中华人民共和国高等教育法》中明确规定了高校的质量责任及其办学水平、教育质量必须接受教育行政部门的监督和由其组织的质量评价的义务。该法的颁布实施，标志着我国高等教育评价有了保障，为高等教育评价提供了坚实的依据。2001年8月，教育部印发的《关于加强高等学校本科教学工作提高教学质量的若干意见》中明确指出，“政府和社会监督与高校自我约束相结合的教育质量监测和保证体系，是提高本科教育质量的基本保障”“要建立用人单位、教师、学生共同参与的教学质量内部评价机制”[①]。2004 年 2 月，教育部在《2003—2007 年教育振兴行动计划》中明确提出要“健全高等学校教学质量保障体系，建立高等学校教学质量评价和咨询机构，实行以五年为一周期的全国高等学校教育质量评价制度”[②]。2004 年 8 月，教育部办公厅印发了《普通高等学校本科教学工作水平评价方案（试行）》，该方案适用于各类普通高等学校，要求贯彻“以评促改，以评促建，以评促管，评建结合，重在建设”的原则。2005 年 1 月，教育部印发的《关于进一步加强高等学校本科教学工作的若干意见》指出：“要切实加强高等学校教学工作评价，完善教学质量保障体系”“要进一步完善教学工作评价指标体系”[③]。2007 年 9 月国务院学位委员会、教育部、人事部联合发布《关于开展全国博士质量调查工作的通知》，要求对所有具有博士学位授予权的高等学校和科研院所开展博士质量调查工作，以期全面评价我国博士研究生教育的发展状况，建立博士质量保障制度和体系。2008 年 4 月，教育部印发了《高等职业院校人才培养工作评价方案》，规定所有独立设置的高等职业院校自本评价方案发布起，每个学年度都必须按要求填报《高等职业院校人才培养工作状态数据采集平台》。2014 年，教育部印发《关于全面深化课程改革落实立德树人根本任务的意见》指出要加强考试招生和评价的育人导向，加快推进考试招生制度改革，指明了教育评价在新时期的发展方向。2020 年 10 月，中共中央、国务院正式印发《深化新时代教育评价改革总体方案》，成为我国第一个关于教育评价系统改革的文件，

---

① 中华人民共和国教育部．关于加强高等学校本科教学工作提高教学质量的若干意见[R/OL].（2001-08-28）[2023-09-15].http://www.moe.gov.cn/s78/A08/gjs_left/s5664/moe_1623/201001/t20100129_88633.html.

② 中华人民共和国中央人民政府．国务院批转教育部 2003—2007 年教育振兴行动计划的通知 [R/OL].（2004-03-03）[2023-09-15].https://www.gov.cn/gongbao/content/2004/content_62725.htm.

③ 中华人民共和国教育部．《关于进一步加强高等学校本科教学工作的若干意见》[R/OL].（2005-1-1）[2023-9-15].http://www.moe.gov.cn/s78/A08/moe_734/201001/t20100129_8296.html.

也是指导深化新时代教育评价改革的纲领性文件。

此外，我国也已成立了10余所专业性的高教评价机构，如中国高等教育评价研究会、江苏省教育评价院、辽宁省教育评价事务所等，它们主要接受政府部门的委托，承担着评价、督导、咨询和科学研究的任务。在高校的大学排名方面，各大公司从1999年开始每年向社会推出中国大学排行榜，目前我国基于不同数据和算法的各类大学排行榜有10余种，这些机构与评价成果对促进各高校端正办学指导思想，推进教学建设和改革，促进学校建立内部质量监控体系，提高教育质量等方面起到了重要作用。

从各国不同高等教育质量评价模式可以看出，各国在高等教育的评价主体中都有政府的参与，但这种政府的控制和干预程度并不相同，如美国的教育质量评价以高等学校的自我评价为基础，以社会评价为主体，政府积极参与，州政府对教育质量的评价并非政府行政命令式的评价，而是与社会鉴定组织以及高校密切合作的，使其在发挥政府作用的同时，既可以提高社会鉴定的权威性，也能充分发挥各大学的主动性。教育质量评价体系的运行不是依靠某一种力量，而是国家权力、市场与院校自治这三种力量的共同作用。首先，各国的高等教育质量评价系统都非常重视学校的自评，在各国高等教育质量评价模式中，院校内部质量保证是外部质量保证的前提条件。其次，各级政府主要通过制定有关质量保证的法律政策以及对认证组织的监督来实现其价值需求，从宏观的高等教育政策来看，高等教育质量的保障是政府改革高等教育体制的需要，是努力提高高等教育质量，促使高等教育更好地适应经济、社会发展需要，满足公众不断增长的教育需要等一系列政策的直接结果。英国社会普遍对高等教育质量的关注较高，美国各专业评估组织也有其独特的地位，受到公众的信赖，高等教育质量保障主体大多经过了从一元控制到多元管理的变革，政府、高校与社会相互分工、相互协调，共同参与高等教育质量保证。

从立法方面来看，世界各国都逐渐通过立法来构建高等教育的质量评价体系，将评价活动置于有法可依的轨道上来，法国于1984年颁布的《高等教育法》中的一项主要内容就是宣布设立评价委员会，专门负责法国高等教育机构的综合性整体评价活动；1992年美国《高等教育法》修正案则提出了有关高等教育质量评价的改革，使其评价制度拥有完整的准则、标准、办法、实施细则和指标体系等，形成了一套具有美国特色的、完整的高等教育质量评价体系。很明显，关于政府、高校与社会在高等教育质量保证中的职责与权限，迫切需要通过立法来加以界定和规范。

高等教育评价作为高等教育的一个重要领域，是一个弥足常新的领域，高等教育评价模式及指标体系的确立与发展，也应当遵循高等教育发展的规律，才能在一定程度上把握高等教育发展的现状。不同高校在学科类别特点、历史传统、高校特色、隶属关系、学校教育性质、科研规模、学校办学层次等方面存在不同，因此，高等教育评价机制的发展动力、运行机制、发展路径等方面亦不相同。

高等教育的发展路径有外延式和内涵式两种增长方式。外延式增长方式主要是通过发展高等教育机构数量、增设新学校和扩大原有学校设施、设备、人员编制等规模实现高等教育总体规模的扩大。内涵式增长方式则是指学校创新办学手段、方式和运行机制，优化教育结构，改善管理体制，调整学科、专业、科研布局，改进或采用现代技术，提高教育资源的合理配置，挖掘现有潜力，提高内部效率，增加招生数量来扩大高等教育总体规模。高等教育发展的动力来自社会需求、学校内在逻辑发展需求，以及学校教育传统与生存压力等因素。英国高等教育学家埃里克·阿什比认为，“大学体系的规模与形式，由三种主要力量来决定，即所有大学中的内在逻辑的力量、学生要求入学的力量与雇主需要毕业生的力量，这三者之间都要保持着动态的平衡”，高等教育由求真趋向求用，有力地推动其由精英型教育向大众型教育发展，通过制定课程、教师政策及实践措施等一级指标评价学科、专业、科研布局、教育结构的优化情况，并梳理组织结构及教师队伍建设等一级指标评价学校的机构数量、人员编制等，侧重评价高校内涵式增长方式，同时兼顾外延式增长方式，以检测学校教学质量提升的各方面需求。

高等教育既是知识经济推波助澜的发源地，也是知识经济深入的中心地带，承担着培养创新人才、推进高新技术产业革命的历史使命。高等教育在时间、空间、内容以及功能等方面创新教育教学机制：在时间上贯穿人的一生，终身教育成为人的必然选择；在空间上呈现出多样化教育方式，出现多元化高等教育；在内容上由求知变为提质，高等教育要转向对学生的素质、素养进行培养；在功能上，高等教育承载着由适应社会、服务社会向改造社会的转变。高等教育评价体系不仅需要体现知识经济的时代要求，更需要从知识经济这个时代背景出发，引领高等教育面对知识经济的全球化发展趋势。

高等教育借助非均衡发展理论视野和研究范式，形成了在高校、学科、专业中选择重点发展、特色发展、优先发展等策略相结合的高等教育非均衡发展理论，并成为中国高等教育发展的理论支撑。重点发展策略是一种将高等教育资源调配、集中授予某些地区、高校、专业学科的外援式发展模式。特色发展是指某些地区、高校、专业学科依靠自我资源突出优势的内生式发展模式。优先发展是指阶段性集中调配资源发展某些地区、高校、专业学科的政策性发展模式。我国的《国民经济和社会发展十年规划和第八个五年计划纲要》《中国教育改革和发展纲要》《国务院批转国家教委关于加快改革和积极发展普通高等教育的意见》等文件中正式提及高等教育非均衡发展，出现了“985 工程”“211 工程”等政策举措，针对高等教育评价指标体系评价、高校教学水平增长方式的侧重点不同、发展的动力因素不同而设置不同的评价标准，应关注知识创新，特别是高等教育的教育教学机制创新，还应重点关注学科、专业的优先发展策略和特色发展策略，充分体现出高等教育评价指标体系中的评价功能和导向功能，引导高等教育发挥培养人才、科学研究、参与社会服务和传承文化的高等教育功能，针对不同类型、不同地区的高校特点对指标体系的内容进行调整，充分考虑高校的类型、地区、结构、性质等各方面的因素，也能够更加专业化、规范化、科学化，深入探析高等教育发展中存在的问题，并能够提出专业性建议和发展路径。

我国高等教育评价制度起步于 20 世纪 80 年代教育体制改革时期，经过 40 多年的发展，随着高等学校办学自主权的增强和政府宏观管理职能的转变，我国高等教育评价制度日渐规范和完善。受高等教育行政化管理的影响，我国高等教育评价更多的时候被当作高校管理的工具，而忽视了其价值创造与价值生成的根本。受此影响，高等教育评价标准也过于强调其行为规范的工具价值，而淡化了引导高校主动发展的理性价值。实现高等教育评价标准的价值创新需要明确高校的自主发展意识，树立发展的高等教育评价理念，树立生成性的思维方式，将高校主动发展的理性价值作为核心价值导向，引导高校积极主动健康地发展。美国学者顾巴和林肯在《第四代评价》中，深刻地总结和批判管理主义倾向，他们认为，管理者总是通过权力和提供资助控制着评价，决定着评价的范围和任务，决定着评价的报告对象。

高等教育评估制度与一个国家的社会制度、高教管理体制和高等教育传统是紧密联系的。

从我国高等教育评估的实践过程来看，我国的高等教育评价标准经历了一个从强调教学条件、注重真实确凿和数据达标的阶段，到强调教学的目标性、注重教学效果的阶段，再到强调办学指导思想，现在正朝着把握时代特征、追求评估目标合理性的阶段迈进。这一方面表明了教育评价活动规律性的存在，另一方面也说明我国本科教学工作评价发展方向的正确性。由于我国高等教育评估起步较晚，加之办学体制、层次多样等复杂原因，真正实现我国高等教育的评价标准提升仍有很长一段路要走。随着高校的外部环境和内部状况的变化，迫切需要对高校的办学指导思想是否明确、所确定的培养目标是否合理和教学工作的实际效果与既定目标的符合程度如何等问题作出回答，此时评估标准对高等学校本科教学工作具有重要的导向作用，评估标准的设计和不断完善是做好评估工作的重要基础。我国高等教育评估标准经历从1994年到2021年的修订与完善过程，其中凝聚着一批教育专家和教育管理者的心血，与教育目标较好地保持了一致性，具有良好的政策导向性，反映了教育工作的基本要求和具体内容，显示了评估工作正确的发展方向。

高等教育学科门类多、专业差别大，即使是同一专业，不同高校间也存在很大差异。本科教育分类分层次发展，是我国高等教育从精英教育走向大众化教育的必然趋势。就本科教学评估工作而言，虽然教育部《关于〈中国教育改革和发展纲要〉的实施意见》中明确指出“不同类型不同层次的高等学校应有不同的发展目标和重点，办出各自的特色”。教育部也陆续出台了一批综合大学、工业、农林、医药、政法、财经、外语、师范等不同类型高校的本科教学工作评估方案，但从总体上看，现行的各类评估指标体系，多以统一的指标标准应用于诸多学校及学科，过于强调“标准”而淡化“特色”。从方法论角度看，我国的教育研究和应用主要偏重于理论内省和抽象思辨，或是教育经验的简单总结，或是抽象思辨的理论推导，极少数量化分析，直到20世纪80年代初，随着教育统计学、教育测量学研究的不断深入，以定量化为主要特征的实证化方法才在我国广泛运用。

评估的核心意义在于促进高校更好地发展，关心高校建设和改革的全过程。评估标准的发展性包含多方面的含义，评估指标体系应随着教育目的、教育理论、教育实践的变化，其评估指标、权重系数、评分标准也发生相应的变化，评估指标体系应充分体现被评估高等学校的可持续发展，面向高校未来，评估指标体系的内容及其权重系数应具有弹性和动态性。

高等教育评估的价值目标既是一种对活动主体及过程的任务规范，又是对行动理想及方向的一种指引，并使行动主体最大限度地获得实现该理想的能力。高等教育评价标准具有双重价值目标，其中行为规范是基本价值目标，大学发展是长远价值目标。根据我国高等教育的发展实际，借鉴国内外高等教育质量评估的经验，新一轮评估的目的可以定位为：深化教学改革、加强内涵建设、促进自主发展、提高教学质量，从一元转向多元，分类实施质量审核或认证，更加重视引导高校科学定位、各安其位、内涵式发展；评估重心将从硬件建设转向软件建设，更加重视高校的教育教学改革成果、人才培养效果、办学效益和体制机制创新；评估内容将从重过程检查转向重目标控制，更加重视推动高校自主办学、自我约束、形成特色、多样化发展。

高等教育的制度创新必须以固有的传统为基础，不能破坏大学作为学术组织的发展逻辑和压抑制度创新的主体地位。以大学作为学术性自组织，学术组织视野中的大学制度创新是把大学当作学术组织来建设，大学发展的自主性逻辑决定了大学组织理应成为制度创新与制度运作的主体。虽然我国大学制度经历了多次变革，但遵循的是行政的逻辑而非学术组织的自主逻辑，实施制度变革的主体是政府而不是大学自身，需要通过制度创新让大学重新回到主体地位，鼓励大学进行适应自身实际情况的自主制度创新，使大学真正走向自主发展的轨道。加拿大学者迈克尔·斯科尔尼科在《关于专业评估和知识遵从的批判研究》中说：“一个不合理的评估体系会把某些学科置于适合于其他学科的框架之内从而阻碍了它的发展，最终使大学里性质各异的部分结合在一起的是它们相互独立性和共同对真理的执着追求。”[①] 一个取向不合理的评估会限制高校的自由和个性。

评估作为一种对高校教育教学工作进行价值判断，通过判断推理去旧创新、规范和引领高校发展的制度，与现代高校的根基“学术自由”是一致的。高校评估应从教育实践出发，从大学的理想与追求出发，而不是完全从主观意愿出发。评估自身应树立主体意识，评估工作应有自己所信奉的教育理念，即教育哲学追求。从高校评估的特殊本质来看，唯有当评估本身升华为自在的目的，才能有效地发挥其作为手段对高校的促进功能，追求卓越的远大理想，这才是高校评估本身的生命价值意义追求。

高等教育评价标准的建立应从强调高等学校一致性及相似性的取向，转为确认和鼓励高等学校的独特性和特色性。鼓励高等学校根据地域与经济水平的不同，采取不同的方式、层次和途径，认清自己的实力和职责，以特色适应需要，以特色增强高等学校自身的生存和发展机能，以特色争得自身的生存空间，增加竞争力。高校教学工作评估的实质是检验学校的三个“符合度”，即学校自己所确定的目标（学校的定位和人才培养目标）与社会要求及人的全面发展和学校实情的符合程度，学校实际工作状态与确定目标的符合程度，学校所培养的人才质量与自定目标的符合程度。由于各高校的历史起点不同，学科优势不同，所获得的政府和社会基金资助不同，使中国高等学校的性质、层次迥异，各校追求的目标不可能完全一致，而且实现目标的途径、方法、手段以及达标的程度也各不相同，它们在不同阶段、不同层次、不同环节、不同领域都有各自的最佳和最优。只有使高校感到评估确实能够评出符合自身情况的办学水平、教学质量、社会声望以及存在的问题，高校才会

① 罗燕．国家危机中的大学制度创新——“世界一流大学”的本质 [J]. 清华大学教育研究，2005（5）：36-41.

从评估中得到裨益，才会促进高校前进和发展。评估标准首先反映出的是评估理念和办学理念的问题。由于高校的教学具有“中间过渡性”特征，高等学校又要追求理想讲求学术自由、弘扬创新精神，同时要走个性与特色发展之路，高校教学工作评估要充分考虑这些基本特点。评估标准不可能全面地反映教育教学的每一个细节，要抓住高等教育教学的一般规律以及教育理念上共同的价值观，在影响高等教育主动发展与价值创新的诸多因素中，找出关键性的因素，从目标要求、条件保障、制度保障、环境保障、文化保障等方面构建一个将“以人为本”贯穿始终的评估指标体系。这样的评估标准才会真正地起到对高校办学的指挥棒作用，既规约着高校中各种行动者的教育教学行为，又给各利益主体提供了自由发挥的空间，而不至于使高校自由探索的生命活力在规范的框框里受到压抑，从而引导高校既遵循办学的基本规范和建立必要的教育秩序，同时又永恒追求理想与卓越。

随着高等教育规模的不断扩大，高等学校的数量和类型也迅速增加，层次拉大，为了发展需要，应进行制度创新。目前，应积极研究高等学校分类指导、分类管理的政策和制度，引导各级各类高校合理定位、有效分工和相互合作，倡导不同层次和不同类型的高校根据自身特点科学定位，制定科学合理的发展战略和规划，形成各具特色的人才培养、科技贡献和社会服务方式。高等教育的总量越大，分类指导就越必要。因为高等教育的规模越大，高校越多，学校和学生的层次性和多样性就越明显，从而就越需要区别对待。

在《关于进一步加强高等学校本科教学工作的若干意见》中明确提出“重视不同类型高校的办学定位和特点，按照分类指导的原则，进一步完善教学工作评估指标体系”。根据我国高等教育改革和发展的需要，以及分类指导的要求，教育部在现有的评估方案基础上，已经针对特殊类型的高校分别制定了补充说明。比如医药类院校已经制定了指标体系的补充说明，重点建设的高校及体育类、艺术类高校评估指标也做了调整说明，并在 2006 年 10 月高校的评估中开始使用。根据分类指导、分级管理的原则，借鉴国外高等教育质量保证体系建设的有效做法，以及国内首轮评估的经验总结，可针对不同类型的高校设计不同性质的评估指标体系和评估方案，确定不同的评估重点和评估周期，并采取不同的组织实施方式。

高等教育评价标准研究既是高等教育评价理论研究的重要课题，也是高等教育评价理论研究的难点。高等教育评价标准的目的并不是要用一个统一的标准来要求各学校，而在于帮助各学校实现它们为自己确定的标准，使高校能够保持在一个基本相当的质量标准下独立自主地开展自己的教育教学活动。国际高等教育评价标准的价值演变呈现出共同的发展态势，基于动态发展的价值引导、基于个性发展的特色评价、基于深层定性的证据分析。同时建立有效的中介组织并充分发挥其作用，是实现管理科学化、民主化的重要途径。社会中介机构架起了大学与社会之间的桥梁，增强了两者的联系，可以在很大程度上约束高校违背社会意愿、脱离实际的办学模式。从高等教育发展的趋势来看，社会中介性评价组织由于其独立性和中介性的立场，将会在高等教育质量保证中发挥越来越重要的作用。根据我国的实际情况，在中介机构建立的初创阶段，我国高等教育质量评价中介机构的建立应采用“在政府的推动下自上而下来建立”的模式，即采取“依靠政府，依托专家”的启动策略，一方面，评价中介机构依靠政府，可以获得专项资金的资助和高校的委托评价项目；另一方面，高等教育质量评价是专业性、科学性和技术性都很强的一门学科，要想取得良好的评价效果，就必须有相关专家进行评价，因此，评价中介机构还必须以社会各界的专家的专业水平为依托。评价中介机构由于不具备教育行政管理部门的政府属性，也不具备高等学校的教育属性，因此也就没有在评价过程中的利益矛盾，评价中介机构的这种独立性正是其生存和发展的基础，也是其进行高等教育质量评价的一大重要特色。

总之，我国的高等教育质量评价体系的良好发展，一方面要继续发扬已有的适合我国国情的宝贵经验，另一方面也要借鉴国外先进的实践成果，敢于创新，大胆探索，早日建立具有完善的高等教育的质量监控体系及评价制度，以更好地促进我国高等教育的发展。

第二章　我国高等教育及其评价研究

2021年，我国高等教育评价改革取得了显著进步。全国各高校深入贯彻落实习近平总书记关于教育的重要论述和全国教育大会精神，落实《深化新时代教育评价改革总体方案》，探索建立符合学科特点的评价制度，科学设立评价指标，探索开展多主体、中长期评价，以评价改革牵引人才培养综合改革，注重对学生创新思维、创新能力、发展潜力的综合评价，并不断完善立德树人体制机制，扭转不科学的教育评价导向，坚决克服唯分数、唯升学、唯文凭、唯论文、唯帽子的顽瘴痼疾，综合提高教育治理能力和水平。2021年教育部印发《普通高等学校本科教育教学审核评估实施方案（2021—2025年）》，对“十四五”时期普通高校本科教育教学审核评估工作作出整体部署和制度安排，各高校着手迎接评估工作。

第一节　我国教育测量与评价的历史嬗变

在“教育评价”这一概念被正式提出之前，教育评价和测量就被看作具有同样的内涵，古代考试发达的评价制度就开创了我国教育测量的先河，历朝历代都通过不同形式的考试选拔人才，在今日看来这就是教育测量评价的最初模型。被誉为世界上最早的教育专著《学记》中就对教育评价的相关思想进行了论述，有了最早有关评价的量化指标的表述。

西周时期建立了选士制度，为中国古代后期的以考试为主要方式的评价制度奠定了基础。西周的选士制度包括乡里选士、诸侯贡士和国学选士三级，主要对学生的德行和道艺，即道德品质和学识能力进行考察，具体表现为“六德”（知、仁、圣、义、忠、和）、“六行”（孝、友、睦、姻、任、恤）以及“六艺”（礼、乐、射、御、书、数），此时的选士制度已基本具备了一套严格的程序和章程。两汉的察举制，即考察推举人才之意，是形成性评价的雏形。察举制分为岁举和特举，开创了考试制度的先河，考试选贤制度不单单适用于学生，大学里的老师也要通过考试才能被任用，学校教育考试制度初步成型，开创了中国古代教育测量和评价推动教育教学发展的新章程，标志着中国古代选拔人才的新纪元。魏晋南北朝时期的九品中正制秉承“唯才是举，不计门第”的原则，一定程度上保证了人才选拔的有序开展，但魏晋后期世族势力膨胀，中正被世族大官垄断，从而沦为其巩固门阀的工具，品第士人仅看家世门第，忽略了才能德行，这一制度随着门阀制度的衰败逐渐被取代。

隋朝的科举制度代表着我国系统的、正式的教学评价活动普遍展开，这个始于隋、发展于唐朝、废除于清末的选士制度，是我国封建社会中持续时间最长、影响最大的人才选拔制度，它既不同于以德取人的察举制，又不同于以门第取人的九品中正制，强调以考试为主、推荐为辅的评价制度体系，重视考试成绩，以知识才能为标准衡量教育的制度逐渐建立，进一步巩固了教育测量与评价的人才选拔的作用，对封建社会的发展具有划时代的重要意义。但科举制也产生了一些消极影响，将教育与做官紧密联系，使儒学逐渐成为统治者奴化臣民的工具，八股取士更在一定程度上使教育沦为科举的附庸，不仅束缚了知识分子的思想，更形成了教条主义、形式主义的不良风气，严重毒害了知识分子的精神面貌，败坏了学校和社会风气。

到清末学制改革之前，还没有正规的高等院校出现，主要是以私塾等形式的场所供学生学习。学校教育以官学教育为主，中央的国子监相当于现在的大学，但已经不能满足清政府时期中国发展的需要，随后洋务派举办了京师同文馆、福州船政学堂等一些新式学堂，成为我国较为完善、培养高等技术人员的高等院校的前身，但并没有形成真正的评价体系。

“开科取士”的科举制度，是中国封建社会统治阶级网罗人才的主要途径，其经验教训对今天我们进一步完善教育评估制度仍然具有借鉴意义。科举制具有明显的特定时代符号，具有科学、辩证的思维认知，对于现代教育评价的发展同样具有启发意义，其追求的公平性和真实性，评价制度的科学化和多样化，都具有借鉴价值。自从有了学校，就有了管理，随之产生了教育评价的思想与评价活动，深刻影响着中国教育的发展脉络。

中国古代的教育测量评价的优势并没有在近代社会中保持下来，20 世纪初期，科举制度废止，五四运动前后，我国开始引进和改造外国教育测量与评价的研究成果，西方教育测量理论传入中国。这一时期我国的教育测量与评价内容时断时续，教育测量呈现出多种体制和多元化的特征。随着在实践中不断摸索，中国的教学评价制度开始采用五级制评分为核心的成绩考评法，但真正的教育评价始于 20 世纪 70 年代末 80 年代中期，相关学者已逐步开展科学化、规范化评价体系本土化研究。

中华人民共和国成立以后，随着社会经济的发展和教育改革的推进，对教育质量测量与评价逐渐重视起来，到 1977 年我国恢复高考制度后，部分地区和高校为提升教育教学质量，积极开展教育测量与评价的研究和实践，现代教育评价理论开始思考如何端正办学，提高教育质量，保障教育事业的健康发展，科学地测评教学全过程，克服片面追求升学率的弊端等问题。1981 年国务院学位委员会对全国高等院校进行评议，同年，华东师范大学心理系与上海市教科所联合进行了新的学科考试研究，开启了我国科学的学科评价工作历程。1984 年北京师范大学最早推出了对教师教学衡量的参考依据。1985 年教育部在黑龙江召开教育工作会议，标志着我国教育教学评价工作的正式起步，同年发布的《中共中央关于教育体制改革的决定》明确规定国家及教育管理部门对高等教育实行宏观指导与管理监督，发布《关于开展高等工程教育评估研究和试点工作的通知》全面部署了对高等工程教育的评估研究与试点工作。南京师范大学率先试行课堂教学评价，先后对校内 149 门课程和 176 位教师开展了课堂教学评价活动。1986 年国家教委成立督导司，各地行政部门及教育管理部门也开设了督导机构，加强了对教育的管理和监督。1987 年，中国人民大学劳动人事学院运用现代人力资源管理理论与技术推行教师课堂效果评价制度。此外，20 世纪 80 年代中后期，教育测量与评价的相关课程陆续在高等师范院校开设，到 90 年代中期部分师范院校开始招收教育评价的研究生，同时关于教育测量与评价的论文、专著也开始大量涌现，研究领域覆盖学校评价、学生评价、课程评价、教师教学评价、考试评价、学科评价、成果评价等，包含理论构建与实践应用的各个方面。

1990 年《普通高等学校教育评估暂行规定》对评估进行界定，提出国家及其教育管理部门是评估的主体，学校是被评估和监督的对象，教育界、知识界和用人部门，是国家及其管理部门组织的对高等学校办学水平进行评估时依靠的社会力量，处于从属地位，学术机构和团体参加教育评估只是一种补充。这一概念对评估的性质、目的、任务、指导思想、成员、机构及基本形式进行了初步规定，确立了中国高等教育评估制度的基本雏形，我国第一部关于高等教育评估的法规由此诞生，并成为指导高等教育评估工作的纲领性文件。1991 年北京师范大学提出建立教师水平评价指标体系，通过实证研究确定教学效果好的教师行为特征，并以此为标准对高校教师的教学进行了评价，后在国内普遍推广运用。1993 年《中国教育改革和发展纲要》颁布，该文件明确指出要建立各级各类教育的质量标准和评估体系。1994 年初，国家教委开始有计划、有组织地实施对普通高等学校本科教学工作水平进行评估。1995 年《中华人民共和国教育法》首次以法律形式明确了学校教育评估的重要地位，同年，《关于国民经济和社会发展“九五”规划和2010年远景目标建议》中强调，高等学校实行中央和省两级管理，加强宏观调控、优化资源配置，加强教育督导评估，鼓励先进、督促后进。

1999年施行的《高等教育法》规定，高等学校的办学水平、教育质量，接受教育行政部门的监督和由其组织评估，再一次强调了高等学校教育评估的法定地位。同年，中共中央、国务院颁布的《关于深化教育改革，全面推进素质教育的决定》，提出加强对高等学校的监督和办学质量的检查，逐步形成对学校办学行为和教育质量的社会监督机制和评价体系，完善高等学校自我约束、自我管理机制，将政府和高校的关系进行了明确的定义与调整。此后，高校教学评价活动不断深入开展，大多数高校将教师教学评价工作常态化、系统化开展，教学评价理论和实践得到了较好的发展。

进入21世纪以来，我国教育测量与评价工作进入了深化与发展时期。一方面，教育评价体制逐渐完善，2002年《普通高等学校本科教学工作水平评估方案》确立了新的评价指标体系：一级指标下设19个二级指标，包含44个主要观测点及评分依据，成为国家层面权威的评价体系，是各高校制定教学评价规则的重要参照。2003年，五年一轮的普通高等学校教学工作水平评估工作正式实施，并实行分类评估，2004年10月正式成立了教育部高等教育教学评估中心，开展针对高等教育评估工作相关政策法规及理论的研究，为教育部相关政策的制定提供参考依据。五年一轮的本科教学评估制度的建立及相关专门机构的成立，都标志着我国教学评估工作开始走向规范化、科学化、制度化和专业化的发展阶段。2014年，教育部印发的《关于全面深化课程改革落实立德树人根本任务的意见》指出，要加强考试招生和评价的育人导向，加快推进考试招生制度改革，指明了教育评价在新时期的发展方向。2020年10月，中共中央、国务院正式印发《深化新时代教育评价改革总体方案》，成为我国第一个关于教育评价系统改革的文件，也是指导深化新时代教育评价改革的纲领性文件。该文件明确把立德树人作为根本标准，坚持科学有效的评价方法，改进结果评价、强化过程评价、探索增值评价并健全综合评价。另一方面，在教育信息化的背景下，教育测量和评价的实践形式呈现多元化发展，信效度理论、评分量表理论等西方常用的评价方式逐渐融入我国的评价方式体系中，随着人工智能技术、大数据开发等技术的运用，还可以对教育增值情况、自适应情况、学科能力情况进行评价，丰富了评价的内容。

在教育测量的发展过程中，我国还存在较大的发展空间，这就要求我们应该更加重视教育测量与评价在理论和实践中的深度，加强评价理论的分类运用，构建符合中国实际、具有世界水平、可以被世界范围应用的教育测量和评价体系，加快推进教育现代化的建设步伐，建设教育强国，办好人民满意的教育。

第二节　我国高等教育教学质量发展现状

提高教育教学质量是高等教育的生命线，是国家中长期教育改革和发展规划纲要确定的重要方针。2021 年，我国高等教育质量有了飞速的发展，全国各高校深入贯彻落实习近平总书记关于教育的重要论述和全国教育大会精神，落实《深化新时代教育评价改革总体方案》，探索建立符合学科特点的评价制度，科学设立评价指标，探索开展多主体、中长期评价，以评价改革牵引人才培养综合改革，注重对学生创新思维、创新能力、发展潜力的综合评价，并不断完善立德树人体制机制，扭转不科学的教育评价导向，不断提高教育治理能力和水平。

一、我国高等教育改革的目标要求

世界各国都选择了符合自身社会经济发展要求的重点方向，各取所需，各补所短，注重人才培养与时代变化的全方位改革，注重高等教育与经济社会的深度融合，注重提升高等教育国际化水平，是世界各国普遍的做法。我们必须立足实际，明确战略发展目标，加快高等教育的赶超步伐。

我国高等教育要把握新科技革命和知识经济的时代特征。目前，人类社会发展呈现新的特征，高等教育理念与模式都发生了巨大变化，知识生产和传播突破了时空局限，资金、技术、人才流动频繁，要求高等教育资源跨部门、跨区域、跨国界开放共享。同时，技术革命拓展了科学研究领域，不同学科交叉融合加速，区域化、集群化、网络化创新模式不断涌现，也对高等教育教学科研组织模式的改革提出要求。

提升高等教育质量是立足我国现代化的阶段性特征和国际发展潮流提出的深刻命题，关系国家未来和民族振兴。高等教育院校应树立忧患意识、危机意识，增强责任感、使命感与紧迫感，树立科学的高等教育发展观，强化质量立校意识，推动高等教育从以规模扩张为特征的外延式发展向以质量提升为核心的内涵式发展转变，从关注硬指标的显性增长向致力于软实力的内在提升转变，走出一条中国特色、世界水平的现代高等教育发展道路。

二、“十四五”以来我国高等教育发展情况

2021 年是中国共产党成立 100 周年和“两个一百年”奋斗目标的历史交汇之年。2021 年以来，全国高校战线坚持以习近平新时代中国特色社会主义思想为指导，全面落实习近平总书记关于教育的重要论述和党中央决策部署着力推进高质量发展体系建设，高等教育高质量发展的基础更加牢固。

（一）我国高等教育正迈向高质量发展新阶段

“根据教育部数据显示，2021 年我国高等教育在学总规模达 4430 万人，比 2020 年增加 247 万人；毛入学率达到 57.8%，比 2020 年提高 3.4%；全国普通（职业）本专科招生 1001.32 万人；全国普通（职业）本专科高校有在校生 3496.13 万人，比 2020 年增加 6.42%；全国高等教育专任教师 188.52 万人，比 2020 年增长 5%。”①

2021 年以来，我国高等教育内涵式发展的步伐更加坚定，建设高质量教育体系的格局更加清晰明确。2021 年 3 月李克强在政府工作报告中提出要发展更加公平更高质量的教育，“分类建设一流大学和一流学科，加快优化学科专业结构，加强基础学科和前沿学科建设，促进新兴交叉学科发展”，并强调

① 中国经济网．教育部：2021 年全国高等教育在学总规模 4430 万人 [R/OL].（2022-09-15）[2023-10-1].https://new.qq.com/rain/a/20220915A01DYV00.

支持中西部高等教育发展。全国各地高校建设全面推进，不断优化人才培养结构，扎实推进新工科、新医科、新农科、新文科建设，加快培养理工农医类专业紧缺人才，加强创新型、应用型、技能型等各类人才培养。培养大众创业、万众创新向纵深发展，促进产学研用深度融合，成功举办中国国际“互联网 +”大学生创新创业大赛。加快推进教育信息化发展，加强信息化设施和资源建设，推进信息技术与教育教学深度融合，提升信息化支撑下的教育能力。启动新一轮“双一流”建设，推进独立学院专设，职业技术大学建设步伐明显加快。实施毕业生就业创业促进行动和基层成长计划，落实就业工作“一把手”工程，确保就业大局总体稳定。

2021 年以来，在深入贯彻落实《深化新时代教育评价改革总体方案》政策下，各高校全面推进教育评价和质量保障改革，护航高等教育高质量发展。各高校学习贯彻习近平总书记关于教育的重要论述和全国教育大会精神，坚持立德树人，牢记为党育人、为国育才使命，充分发挥教育评价的指挥棒作用，制订并落实新时代教育评价改革实施方案，完善立德树人体制机制，扭转不科学的教育评价导向，全面提高学校治理能力和水平，确保办学方向正确。

2021 年以来，各高校全面落实立德树人的根本任务，牢固坚持全面全过程全方位育人要求，深化思想政治理论教育和课程思政工作，认真贯彻习近平总书记“用好课堂教学这个主渠道，思想政治理论课要坚持在改进中加强，提升思想政治教育亲和力和针对性，满足学生成长发展需求和期待，其他各门课都要守好一段渠、种好责任田”的重要论述精神，推动各类课程与思想政治理论课同向而行，将价值塑造、知识传授和能力培养融为一体。“截至 2021 年底，推出思政示范课程 699 门，教学名师和团队 699 个，教学研究示范中心 30 个，研制普通本科专业类课程思政教学指南，培训文理工农医不同学科专业教师 67 万人。”①

2021 年以来，全国各高校坚持内涵式发展和高质量发展不动摇，布局高等教育内涵式发展和高质量发展新体系，各项改革和建设工作稳步推进。

① 中国网．数说十年·高等教育：我国高等教育整体水平进入世界第一方阵 [R/OL].（2022-05-17）[2023-10-01].http://www.moe.gov.cn/fbh/live/2022/54453/mtbd/202205/t20220517_628256.html.

2021年度全国本科新增备案专业1773个，审批专业188个；调整学位授予门类或修业年限专业48个，撤销专业804个；列入普通本科专业目录的新专业31个。全面启动基础学科拔尖学生培养计划2.0，在77所高校布局建设288个学生培养基地，累计吸引1万余名优秀学生投身基础学科。以一流专业和一流课程建设“双万计划”为牵引，共认定8031个国家级、8632个省级一流专业建设点，遴选认定首批3559门国家级一流课程。全国开设创新创业教育专门课程3万余门、在线开放课程1.1万余门，组编专门教材近4000种，聘请17.4万名行业优秀人才担任创新创业专兼职教师，139万余名大学生参加“国家级大学生创新创业训练计划”，累计603万个团队的2533万名大学生参加了七届中国国际“互联网+”大学生创新创业大赛，成为展示新时代高等教育教学改革成果的重要窗口。国家教材委员会开展教材“一规划、四办法”落实情况调查，督促地方和高校积极落实教材，半数以上省级地区已成立省级教材委员会或省级教材工作领导小组，半数以上省级教育行政部门已成立教材处（办），绝大多数普通（职业）高校明确了教材工作专门机构。首届全国教材建设奖评选高等教育类获奖教材399部，其中本科生适用教材351部，占全部高等教育类获奖教材的87.97%。

2021年以来，各地各高校进一步落实教育部高等教育分类指导分类发展要求，落实分类发展策略，促进分类发展取得实效。第二轮“双一流”建设计划启动，147所高校入选，各高校编制完成“双一流”建设方案并付诸实施，进一步推动应用型高校向政策保障、深度转型、示范引领方向发展。截至2021年底，应用型高校数量已达600余所，本科专业总数超过2.3万个，应用型高校已经成为高等教育普及化的核心力量。教育部印发《普通高等学校本科教育教学审核评估实施方案（2021—2025）》以促进分类发展为指导，对所有本科高校开展“两类四种”评估，即第一类审核评估针对具有世界一流办学目标、一流师资队伍和育人平台，培养一流拔尖创新人才，服务国家重大战略需求的普通本科高校进行评估，重点考察建设世界一流大学所必备的质量保障能力及本科教育教学综合改革举措与成效。第二类审核评估针对高校办学定位与历史差异，具体分为三种：一是对于已参与上轮审核评估，重点以学术型人才培养为主要方向的普通本科高校；二是对于已经参加过上轮审核评估，重点以应用型人才培养为主要方向的普通本科高校；三是对于已经通过合格评估 5 年以上，首次参加审核评估、本科办学历史较短的地方应用型普通本科高校，第二类的审核评估重点是考察高校本科人才培养目标定位、资源条件、培养过程、学生发展、教学成效等。

2021 年以来，教师队伍建设主要以思想政治和师德师风为根本，全面落实师德师风第一标准，不断完善建设工作机制体制，加强高校教师培养培训，已经取得了显著的效果，各高校进一步加强党对教师工作的领导，建设政治素质过硬、业务能力精湛、育人水平高超的高素质教师队伍。同时，各级政府和高校通过多渠道筹集办学资金，升级办学条件，构筑高等教育高质量发展的基础设施条件。教育部等六部委发布《关于推进教育新型基础设施建设构建高质量教育支撑体系的指导意见》，以信息化为主导，面向教育高质量发展需要，聚焦信息网络、平台体系、数字资源、智慧校园、创新应用、可信安全等方面，建设新型教育基础设施体系。有数据显示，我国目前近 2/3 的高校能够提供 IPv6 服务，无线网全覆盖已经成为基础网络建设的主要目标，85.5% 的高校实现了高速网络校园全覆盖，86.2% 的高校教师认为学校信息化建设能够较好地支持学习与工作的时效性。另外国家智慧教育公共服务平台建成并上线应用，其中，国家高等教育智慧教育平台首批上线了 2 万余门课程，包含了 13 个学科、92 个专业类，提供 900 余门多语种课程。“到 2022 年 2 月，我国上线慕课数量超过 5 万门，选课人次近 8 亿，有超过 3.3 亿人次在校大学生获得慕课学分，慕课数量和应用规模居世界第一。”[①] 教师使用混合式教学的比例已经从疫情前的 34.8% 提升到 84.2%，基本形成了较为完善的包含理念、技术、标准、方法、评价等在内的中国特色高等教育数字化发展方案。

（二）教育评价改革开局取得重要进展

各地各高校深入贯彻落实中共中央、国务院印发的《深化新时代教育评价改革总体方案》以来，全国形成了多方联动全面贯彻方案的总体格局。教

① 海外网．教育部：国家高等教育智慧平台首批上线 2 万门课程 [R/OL].（2022-03-30）[2023-10-01].https://baijiahao.baidu.com/s?id=1728691605722386431&wfr=spider&for=pc.

育部推进宣讲和落实活动，将总体方案的开展作为“龙头之战”“最硬的一仗”，扎实做好落地工作。同时，中央教育工作领导小组秘书组、教育部联合召开学习贯彻落实总体方案的全国电视台、新华社等中央媒体发表系列评论，有关专家学者积极撰写解读文章，并通过接受采访、发表学术文章等方式持续宣传。教育部先后组织全国示范培训班、专题研讨班等形式持续开展政策宣讲与解读，各地高校同时也积极响应并组织各类相关培训，努力做到相关群体全覆盖，并获得了社会各界及高校师生给予的积极评价。同时开展落实教育评价改革的重点任务，积极探索具有中国特色的高等教育评价制度，各高校对学校现有制度文件进行梳理，废除不合理的旧制度，修改不吻合的错误制度，注重加强本科教育教学、学科建设、双一流建设等日常评价工作，同时结合学校实际探索新的评价任务。

各高校将改革学术评价放在了突出地位，树立质量和贡献导向，着重解决唯论文、重数量、轻质量的问题。中国农业大学建立以成果质量和贡献为导向的院校两级分级分类激励体系，改革单纯依靠数量和科学引文索引（SCI）论文发表相关指标进行评价的方式，重点对成果本身的原创性及对行业产业发展的实际贡献进行评价和奖励。中国传媒大学构建以“代表作、贡献度、主观评价”为核心的教师评价体系，创建更有实际价值和应用价值的评价清单，代表作除了发表论文以外，还可包括著作、课程、教材、研究报告、教学案例、行业标准、专利、软件著作权、文艺作品、网络创作成果等。南京大学改革应用型学科领域的评价体系，以“问题”为导向取代以“论文”为导向，聚焦服务国家战略，建立“应用先进技术”科技人才评价标准，重点关注科研成果解决问题的价值。全国各高校依据自身办学特色和教学资源优势，着力制订各具特色的评价标准，使评价工作更有针对性，更有含金量。

针对总体方案中明确要求推进分类评价，结合“十四五”发展规划和各高校自身办学定位，新一轮审核评估工作取得了新的成果。首先，坚持把立德树人成效作为检验学校一切工作的根本标准，坚持社会主义办学方向，推动本科教育教学综合改革，切实巩固人才培养的中心地位。其次，2021 年 7 所高校率先参与了新一轮审核评估试点工作，为全面展开新一轮审核评估，促进高等教育分类发展奠定了基础。一流大学建设高校在评估中强调在质量保障审核评估中，坚持贯彻党的领导、坚持本科教育教学综合改革创新、坚持质量保障体系的建设，总结了造就世界一流人才的行动和成效经验，重点考察了本科教育教学工作要素及人才培养的目标达成度、社会适应度、条件保障度、质量保障有效度以及结果满意度，明确了人才培养目标的定位，将以学术型及应用型人才培养目标所建立的本科教育教学体系及其质量保障要求进行了明确的区分和审核。此外，在新一轮审核评估方案的引导下，不同类型高校展开多样化的建设发展路径研究与探索。各高校不断发挥自身优势，对教学内容与课程体系、教学手法、信息融合技术、实践教学以及创新创业教育等几个方面进行较为系统的改革，充分发挥自身主动性，结合学校自身发展目标和办学定位，自主选择评估指标，审核评价不再是单一固定的模式，而形成了能够根据自身教学教育情况作出评价的独特标准，并逐渐形成结合历史积淀和自身优势的特色指标体系。

各地各高校坚持把师德师风作为教师评价的第一标准，突出教育教学实绩，将师德师风建设融入日常教师管理工作中，加强教师思想政治教育，强化教师思想政治素质考核，不断加强课程思政建设力度，如山西省出台《关于加强和改进新时代师德师风建设的实施意见》，以常态化预警、宣传、监管、评估、考核五个机制，展开针对师德师风的全面建设。同时加强师德考核评价机制，全面落实学校二级学院院长和书记的直接责任，健全落细落实的体制机制。此外，教师评价改革更加突出教育教学实绩的考核，规范教师聘用和晋升机制，引导教师关爱每一个学生，上好每一堂课，落实教授上课制度，支持教师加强教学研究，并取得了实质性的进展。武汉大学出台《武汉大学关于加强高层次人才和科研机构教授为本科生授课实施办法》，明确各类高水平人才及科研机构教授为本科生授课的要求，2021—2022 学年教授为本科生授课比例达到 100%，高层次人才为本科生主讲公共基础课人数比 2020—2021 学年增加 41.86%。很明显，高校教师评价逐步促进教师实现两个转变，即从教学向育人转变，从追求头衔称号向回归学术性转变，引导教师更加重视育人过程，引导教师做“大先生”，激励更多优秀教师展现教学能力，突出质量导向，将评价重点放在学术贡献、社会贡献以及人才培养支撑上。

学生评价改革在这一阶段也获得了重视并全面发展，通过完善学生综合素质评价体系，切实引导学生坚定理想信念，厚植爱国主义情怀，加强品德修养，培养奋斗精神，增强综合素质。通过全面落实立德树人的根本任务，坚持“五育”，即课程育人、实践育人、科研育人、网络育人、环境育人并举。通过政府、学校、用人单位、社会等多方参与、协同发展，构建学生综合素质评价体系，促进学生德智体美劳全面发展。通过严格遵循学业标准，严把出口管理措施，不断完善过程性考核与结果性考核有机结合的学业考评制度，加强课堂参与考察，重点加强对毕业论文（设计）的抽检工作。通过学习平台关注学情数据，通过数据分析向教师提供反馈和干预信息，反映学生可能存在的学业风险，提供个性化的学业帮助。同时各高校以教育评价为牵引，全面加强新时代体育、美育、劳动教育，探索评价改革新路径，并不断完善美育课程和教材体系，落实美育建设主体责任，将公共艺术课程与艺术实践纳入本科人才培养方案，科学定位美育课程目标，并重视劳动课程学习和实践，加强过程性评价，将参与劳动教育课程学习和实践情况纳入学生综合素质档案，进一步探索和运用结果评价、过程评价、增值评价和综合评价等方法，保证高等教育评价的合理有效，形成有利于推动高等教育高质量发展的长效机制。

（三）深入推进应用型高校建设步伐

应用型高校建设一直备受关注，为了适应和引领经济发展新格局，服务创新驱动发展大局，党中央、国务院作出了引导部分普通本科高校向应用型高校转型的战略部署。据统计，截至 2021 年底，我国应用型高校数量已有 600 余所，成为我国高等教育普及化的中坚力量。各高校不断实施使自身适应国家经济社会高质量发展的制度性创新和系统性变革，并不断总结应用型高校的建设经验。

应用型高校是在一定历史阶段为满足经济社会发展对高等教育提出的新要求而建立的一类新型高等教育机构，从办学目标上来看，更注重实用性。在涵盖范围上仍然存在争议，但基本形成了服务区域经济社会发展，满足产业发展实际需求的目标公式，更加注重实践教育的重要性，根本培养目标是满足社会职业对专业人才的需要和社会实际生产需要，促进经济社会发展进步。在服务方面，应用型高校更关注地方性策略，目前几乎所有的应用型高校都将办学目标明确定位在地方，即服务于地方经济社会发展目标，解决地方企事业的技术问题，为当地培养应用型、实践型、复合型人才。2021 年教育部印发的《普通高等学校本科教育教学审核评估实施方案（2021—2025 年）》明确强调了应用型高校的地方性特点，提出应用型高校要聚焦应用型人才培养，服务区域经济社会发展，彰显地方特色，并制定了较为详细的评价指标，强调办学过程中的实践性培养。应用型高校一般都具有鲜明的行业或区域特色，以传媒类院校为例，大部分具有鲜明的行业特色，注重新理论和新技术如何在现实中应用、改进的问题，强调办学过程中的实践培养，尤其强调产教融合与校企合作领域。应用型高校普遍致力于构建实践导向的办学体系，借助校企合作开发实践教学课程，加强实验实训，大力拓展社会实践活动，实质性地促进应用型人才培养质量的提升。

党和政府高度重视应用型高校建设，多措并举推进各类高校向着应用型高校转型发展，促进应用型高校提升办学水平和综合实力，引导和推动普通本科高校积极向应用型高校转变，同时坚持立德树人为根本任务，应用型高校积极响应国家创新转型发展的新需求，主动面向产业需求办学，全面提升内涵质量建设，注重人才培养能力水平提升，实现经济、科技、教育的协同发展。应用型高校以区域经济社会发展和地方支柱产业需求为导向，大力发展适应市场发展、适应新经济需求的学科专业，根据地方需要打造应用型专业集群优势，强化对区域产业发展的支持和贡献。

随着应用型高校人才培养模式改革全面展开，部分省份和高校已经探索出了各具特色的应用型、实践型人才培养建设经验。

首先，应用型高校通过需求导向的专业设置，与所在区域的产业发展紧密对接，同时灵活调整专业设置，为社会培养急需的各类人才，在与产业协同发展中实现人才的供需平衡。这充分体现了应用型高校作为地方和区域知识积累、科技服务、技术创新的重要载体，对融合发展地方经济起着重要作用。

各地政府、企业与高校多主体融合协同，跨越产教融合组织边界，政府负责顶层设计和各方沟通协调，高校和企业相互协作、有效衔接、协同推进，形成相对固定的合作办学共同体。同时，应用型高校将人才培养置于生产和教学相融合的过程中，使企业进入课堂，学校走进企业，实现生产过程和教学过程相融合，这也符合培养产业经济发展的人才需求。

其次，应用型高校人才培养模式的改革不断升级，各具特色，有些高校致力于培养能力本位、专业导向的实践型人才，有些则以任务为导向，扩大学生的学习自主权，改革理论课堂教学和案例教学，激发学生了解和研究专业的兴趣，组织学生参加各类竞赛、创新创业活动，为学生提供学分替代方案。2021 年在千名学生学科竞赛获奖数、国家级“互联网 +”创新创业大赛奖励数两个指标上，应用型“百所项目校”仅次于双一流建设高校，排在其他普通公办高校类型之前。

国家在积极引导应用型高校转型方面取得了显著的成效。2021 年 3 月习近平总书记在闽江学院调研时指出，社会需要的人才是金字塔形的，高校不仅要培养研究型人才，也要树立应用型办学理念，培养青年一代适应社会需要的技能。在政府大力支持、企业积极参与、学校和师生主动融合的大环境下，应用型人才培养格局初步形成。95.6% 的应用型高校教师认为国家和地方对应用型高校出台的相关政策和扶持，对应用型高校的人才培养目标、课程教学改革、实验实训设计、考核评价体系构建以及教师队伍建设等方面产生了积极有效的影响。学生实践能力在这一转型过程中明显增强。新一轮审核评估针对以实践型人才培养为主要方向的普通本科高校，将“强化实践教学、突出实验实训内容的基础性和应用型、注重培养学生应用能力情况”作为审核重点。94.8% 的学生认为能够积极主动地参加各种实习实训和实践性活动，获取个人发展所需的理论知识和实践技能，并且主动将所学的知识和技能运用于工作实践中。基于社会经济和产业发展需求背景下的人才培养，使毕业生就业情况得到了明显好转。数据显示应用型高校就业率总体高于全国普通高校水平，比其他普通高校高出近 2 个百分点。学生的创业意识也呈上升趋势，参加学校或社会组织的各类创新创业培训活动的主动性明显增强，对创新创业的认识更加理性和积极，认同创业并且表示有创业意向的学生占比较大。

高等教育普及化的深度推进必然推动应用型高校有更大的发展，以适应社会各行各业对应用技能型人才的需要。应用型高校办学应当坚持面向地方、面向产业，最重要的是面向学生，为把学生培养成为适应地方经济产业发展需要的高素质应用技能型人才而服务。应用型高校应当进一步明确办学定位，坚定应用技能型人才培养目标，加强学科专业建设与地方经济产业发展需要之间的匹配度，加强专业建设的针对性，将产业和职业需求融入专业教育过程，牢固确立专业办学的地方导向、产业导向和职业导向。重点围绕地方战略性新兴产业设置新专业，优先发展重点领域急需紧缺学科专业，改造升级传统专业，逐步整合或淘汰脱离地方社会发展需求的专业，促进教育资源合理配置，更有效实现对接产业办学。同时加强“双师型”教师队伍建设，从人才引进与培养、人事管理、业务考核、培训激励等方面加强投入、完善制度、改善机制、提高成效。此外，还要进一步完善以产教融合为基础的人才培养模式，探索多渠道、多领域、多主体合作办学模式，借助企业、科研院所等方面的资源优势，联合创建各类教育与研究开发机构和技术创新联盟，协同开展人才培养、科学研究和技术服务工作，探索校企合作的新路径，建立稳定、可持续、高质量的合作办学机制，打造地方产业发展的人才培养和技术创新的重要基地，助推地方经济转型升级发展。

（四）在大变局中加强国际交流合作

我国高教战线坚持积极践行人类命运共同体理念，奋力推进教育教学国际交流与合作。各地各高校在疫情期间仍然坚持开展形式多样的国际教育交流与合作，实现线上实习、访学、联合培养等方式，坚持引育并重，致力提升教师的国际交流合作能力，提高国际化课程质量，以提高国际化人才培养质量。部分高校积极支持和鼓励学生进入跨国公司、驻华国际组织实习，国家公派出国留学积极支持本科阶段国际化人才培养，以“一带一路”共建国家为主线，选派留学人员赴国外进修等，积极探索应对全球性挑战的国际交流和合作新模式，搭建中外教育文化友好交往合作平台，深入拓展国际产学研用合作，为推动构建人类命运共同体和高质量共建“一带一路”做出积极贡献。

高等教育国际交流合作是我国发展的需要，也是世界教育行业的需要。我国是世界高等教育大国，是联合国安理会常任理事国，不仅担负着自身教育事业发展的使命，同样也需要承担国际义务。进一步开拓发展高等教育国际交流合作，加强同世界各国高等教育的交流沟通，积极参与全球教育治理和区域教育合作，是实现可持续发展目标的必然过程。在教育全球化时代，造就国际化人才是世界各国高等教育面对的重大课题。我国高校应当大力促进国际交流与合作，以培养能立足本土实际，兼具国际视野，能够有效进行跨文化沟通，进行国际对话合作的全球胜任力人才，培养大批熟悉党和国家方针政策，了解我国国情，具有全球视野，熟练运用外语，通晓国际规则，精通国际谈判的专业人才，加强全球治理人才队伍培养与建设，突破全球胜任力人才瓶颈，做好国际化人才储备，为我国参与全球治理提供有力的人才支撑。

三、提升我国高等教育的措施

（一）牢固树立以人才培养为中心的核心观念，全面提高高等教育质量

人才培养是高等教育的本质要求和根本使命。衡量高等教育质量的第一标准就是看人才培养水平，核心是解决好培养什么人、怎么培养人的重大问题。要牢固确立人才培养在高校工作中的中心地位，一切工作都要服从和服务于学生的成长成才，着力提高学生服务国家人民的社会责任感、勇于探索的创新精神、善于解决问题的实践能力，真正培养出德智体美全面发展的社会主义建设者和接班人。

1. 引导教师潜心育人，打造高水平师资队伍

教师队伍是教育的第一资源，是决定教育质量的关键环节。现在教师学历层次明显改善，师资来源日益多样化，必须把教师队伍建设作为高校最重要的基础工程来建设。

高校要为教师提供坚实可靠的制度保障。要改革教师评价办法，向有突出教学业绩的教师倾斜，建立激励竞争机制，向教学一线教师倾斜，要完善教学名师评选制度，大力表彰在教学一线有突出贡献的优秀教师，引导广大教师以学术素养、道德追求和人格魅力教育感染学生。

高校要深化改革教师聘任制度。要拓宽选人视野，完善遴选制度，全面推行公开招聘，促进不同高校、不同学术流派之间的交流。鼓励高校聘用实践经验丰富的专家担任专兼职教师，鼓励教师拥有校外学习、研究和工作经历，优化专兼职教师结构。同时，完善退出机制，实现能进能出、能上能下，增强用人活力。

高校要坚持培育和引进并举。“育”的重点是加强中青年教师培养。中青年教师是学校的未来，要将其作为教师队伍建设的重中之重。重视教学基础能力训练，加强教育心理学、教育伦理学、教育技术、职业道德等系统培训，提升专业水平，以适应知识发展和学生全面发展的需要。“引”的关键是延揽高层次领军人才，有条件的学校可以面向世界招聘一流教师。

2. 深化教育教学改革，努力提高人才培养水平

教学质量是衡量办学水平的核心标准，多年来我国教育教学改革工作已取得了一定进展。

高校要创新教学理念和模式，进一步夯实新时代育人工程的要求。人才培养要坚持立德为先、立学为基，既要加强专业教育，注重“厚基础、宽领域、广适应、强能力”，也要加强思想品格教育，注重“树理想、强意志、勇实践、讲奉献”，使学生具有坚定的理想信念、广阔的眼界胸怀，更好地适应未来职业和社会发展的需要。要探索科学基础、实践能力和思想品德、人文素养融合发展的培养模式，推动跨学院、跨学科、跨专业交叉培养，加强高校、科研院所、行业企业联合育人。对就业相对困难的专业，要调整课程设置和教学内容，让学生知识面更宽，就业面更广。对高端技能型人才，要探索产学研合作、工学交替的培养模式。

要深入推进内涵式建设发展，建立高质量人才培养体系，升级人才培养的条件配置，进一步优化教师队伍素质和结构，提高教师队伍的学历学位水

平，大力加强具有实践经验和能力的工程技术人才和经营管理专家的引培工作，更有针对性地开展教师专业发展工作，全面提高教师的教学科研能力，提高教师现代信息技术与教育教学深度融合的能力。进一步加强学科专业带头人培养和引进工作，重视教学团队和科研平台建设，重视青年教师人才的培养与遴选，造就政治素质过硬、业务能力精湛、育人水平高超的“大先生”群体。全面提高课程教学质量，有效发挥人才培养主渠道作用。推动课程体系重构，加强课程体系的思想性、科学性和前沿性，注重用中国革命、建设、改革开放实践理论成果与世界先进文化和最新科技发展成果及时更新课程内容。实施课程建设提质计划，推进一流本科课程建设，建设一批示范性线上、线下、线上线下混合、虚拟仿真、社会实践“金课”等课程体系，提供优质课程资源和教学案例，加强国家级实验教学示范中心管理。加强教材系统规划和建设，构建国家、省、校三级教材规划体系，加强教材全过程管理，建构普通高等教育教材网，推动高校教材重点研究基地建设。进一步推动产教融合、校企合作、产学研一体化人才培养模式改革建设，不断提高创造型、复合型和应用技能型人才培养。

高校要持续创新教学方法和手段，鼓励小班教学，开展启发式、讨论式、参与式教学，学生的创造思维应在教学全过程中得到激发和鼓励。教师要加强与学生的联系和交流，为学生提供更多互动学习的机会。要推进信息技术在教学中的应用，增强学生运用网络资源学习的能力。还要加大国家精品开放课程建设的力度，把各高校最有特色、最有水平的课程开放共享。

高校要创新学习方式，随着社会的发展，大学的学习方式出现了新特征，自主学习、探究式学习和终身学习等理念得到广泛认同。要确立学生在学习中的主体地位，逐步改变以教师为中心的知识传授型教学方式，开设由学生和教师共同选题的自主学习课程，构建多元学习模式，加强学习策略和方法的训练指导，培养学生的批判性思维和创新能力，促进学生的个性发展。本科是大学生打基础的重要阶段，要想巩固本科教学的基础地位，就要健全以提高教学水平为导向的管理制度和工作机制，做到政策措施激励教学，工作评价突出教学，资源配置优先保证教学。要把教本科生上课作为基本制度，坚决避免本科教学被弱化的现象。本科阶段要加强应用型、复合型、创新型人才培养，提升学生的就业、创业能力，同时为部分学生进入研究生阶段学习做好准备。要发挥好“本科教学工程”在提高教学质量上的引领辐射作用，调动所有教师投入教学改革的积极性。

3. 进一步提高高校科研能力、社会服务能力和文化创新能力

现代大学的功能已拓展到人才培养、科学研究、社会服务和文化传承创新四个方面。落实提高质量的战略任务，必须以人才培养为核心，让四大功能有机互动、相互支撑，从而为高校发展提供更大发展空间。

高校要继续加强科学研究，推进协同创新。协同创新既是提升国家创新能力的重要途径，也是高校培养创新型人才、提升科研能力的必然要求。高校要以“协同”的理念推动科研改革，打破封闭分散格局，发挥多学科多功能优势，促进创新要素有机融合和全面共享。同时科研创新主体之间必须协同发展。高校内部要优化学科结构、推进跨学科交叉，要推动院系、专业、学科的开放，加强自然科学、人文社会科学的知识和手段的集成。高校对外要推进产学研用深度融合，积极与科研院所、行业企业开展合作，最大限度地共享各类创新资源。还要注重推进科教结合，形成教学与科研互动的稳定机制，鼓励学生参与课题和实验室研究，加入创新团队，提高学生的动手能力和创新本领，做到寓教于研、研中有教。

高校要不断拓展社会服务，加强实践锻炼。学生在基础教育阶段的社会实践比较少，但学生在这一时期参与社会、服务社会的积极性很高，因此高校应把社会实践作为“第二课堂”，并纳入教学计划，大力开展课外学术活动、科技活动和创新创业，确保学生参与有质量、有内容的社会实践。基层最需要知识和技术，基层应当成为高校社会服务和实践育人的主战场，要鼓励师生深入边远贫困地区和少数民族地区，深入企业、社区、乡村，开展科技服务，加强与人民群众的密切联系，让师生在社会服务实践中起作用、长才干、做奉献。我国产业升级和就业结构变化对职业培训提出了更高要求，高校要参与构建覆盖城乡的知识学习和职业培训体系，探索与企业和政府联合培训的模式，促进区域人力资源水平的提升。

高校要加强文化传承创新能力，这是建设文化强国的要求。高校是思想文化创新的重要阵地，具有以文化育人才和以人才兴文化的双重优势，因此要激励师生投身文化创新创造，记录社会生活和人们精神世界，创作更多能体现盛世风采的精品佳作，为社会提供更好更多的精神食粮，同时也使学生在文化创造中提升人文素养和精神品格。要推动哲学、社会科学繁荣发展，加强对中国特色社会主义伟大实践的经验总结和理论创新，巩固发展马克思主义理论学科，推进社会主义核心价值体系建设。面向新的百年目标，必须继承和弘扬党和人民艰苦奋斗的优良传统，以“坚持真理、坚守理想、践行初心、担当使命、不怕牺牲、英勇斗争、对党忠诚、不负人民”的伟大建党精神，引领新时代高等教育改革发展。坚持党对高等教育事业的全面领导，进一步完善党委领导下的校长负责制，牢固坚定办学正确政治方向，坚定不移推进习近平新时代中国特色社会主义思想铸魂育人。坚定立德树人的根本任务，坚持以人民为中心的办学宗旨，引导广大师生在学、思、践、悟中坚定理想信念，在奋发有为中凝聚干事力量，始终践行为中国人民谋幸福、为中华民族谋复兴的初心和使命，始终坚持越是艰难越向前的英雄气概和不破楼兰终不还的昂扬斗志，为师生营造优良的教学科研环境，激发师生追求科学真理的积极性、主动性和创造性。

4. 建设优良学风，形成有利于人才培养的良好环境

文化是一所大学的灵魂，也是大学彰显特色的重要标志。一些校园内的建筑都蕴含着厚重的历史，一草一木都渗透着浓郁的人文气息。大学文化氛围是在长期办学中积淀而成的，核心是大学精神，外化为学风教风校风，要作为提升质量的重要任务，使文化底蕴更加丰厚，精神品质更加卓越，形成良好育人氛围。

高校要结合办学传统和办学思想，积极培育富有特色的大学精神，大力弘扬崇尚科学、探索真理、独立思考、注重创新、奉献社会的精神，形成境界高尚、底蕴深厚的独特文化，激励和引领高校内涵式发展。要深入开展理想信念教育、形势政策教育、国情教育、革命传统教育、改革开放教育、国防教育、民族团结教育，激励学生胸怀祖国、热爱人民、锐意进取、奋发有为，

增强对中国特色社会主义的思想认同和情感认同，成长为国家和民族的栋梁之材。

高校要重视校园文化品牌和思想文化阵地建设。高校的文化氛围在无形中塑造着学生的人文素养，这种积淀对人一生的影响持久而深远。要重视校训校歌、主题活动等校园文化载体建设，大力开展健康活跃的文体活动，形成对教师有凝聚作用、对学生有陶冶作用、对社会有示范作用的校园文化氛围。要推动优秀传统文化和当代先进文化的网络传播，使校园网不仅成为大学生文化生活和思想教育的平台，也成为社会先进文化传播的新空间。

高校要切实加强学术诚信和学风建设，需要从文化和制度层面入手，加强学术诚信建设，培养良好的学术传统。要将诚信教育列入课程内容，纳入教师职业培训，为提升科学道德水准打牢基础。同时，严格遵守学术规范，完善学术管理，坚持实事求是，对科研不端行为出重拳、零容忍，使高校真正成为学术的神圣殿堂、诚信的社会高地。

（二）不断改革创新、加强领导，为提高高等教育质量提供强有力的保障

1. 完善质量评价体系，引导高校办出特色、办出水平

高校应加强分类管理。分类管理重在形成特色导向，要综合考虑高校的功能定位，建立科学可行的分类管理办法。全国要通盘考虑，加强顶层设计，省级政府也要因地制宜地进行探索。高校一要根据办学历史、区位特点和资源条件等，理清特色发展思路，确定办学定位，大力建设优势学科。学科是高校办出特色的关键，要将其摆在突出位置。注重与产业发展、社会就业需求、科技发展前沿趋势相衔接，调整优化学科结构，加快发展新兴、交叉学科，做强做大优势学科，打造支撑质量提升的学科品牌。二要建立专业预警和退出机制，把高校布局结构、发展绩效作为资源配置、专业及招生计划调整的重要依据，通过法规、政策、拨款、评估等方式引导特色发展。目前，农林、水利、地矿、石油等行业在高校和师范、艺术、体育高校办学实践中形成了优势，要进一步突出学科优势和行业特色，不断提高水平。三要支持地方高校特色发展。地方高校与区域经济社会发展紧密相连，有特色才能有作为，有作为才能有地位，要下力气解决办学定位问题，避免盲目追求升格。

要以扶需、扶特为原则，在重点学科、重点实验室、创新团队等方面给予政策支持。实施好中西部高等教育振兴计划，加大省部共建力度，加强对口支援，支持地方高校加快提升办学水平。加强高水平示范（骨干）高等职业院校建设，办好一批高水平民办高校，为产业升级培养高水平后备军。四要强化质量评价。这是提升质量的基础性工作。要建立符合国情、具有公信力的人才培养质量标准体系，本科各专业要制定好教学质量的国家标准，一级学科博士、硕士学位要明确基本要求，专业人才评价标准要由行业部门和高校联合制定。要健全评估制度，科学设计评价指标，真正反映办学水平、发挥导向作用。各高校要加强内部质量保障体系建设，实行精细化管理。在完善中国自己的质量评估体系的同时，还应支持有条件的大学开展专业国际评估。

2. 改革高等教育管理体制，加快建设现代大学制度

高校是规模庞大的社会组织，高等教育管理体制是一个复杂系统。要理清高等教育体制改革思路，为提高质量提供持续和稳定的保障。一要坚持和完善党委领导下的校长负责制。党委领导下的校长负责制是我国基本国情和高等教育办学宗旨所决定的，体现了党的领导和遵循教育规律的协调统一。这一体制是建设现代大学制度的基本前提，决不能动摇。要正确协调好党委领导和校长负责的关系，处理好集体领导和分工负责的关系，把握好党委书记和校长的角色定位，健全党政议事规则和决策程序，依法落实党委职责和校长职权，使这一制度的优越性充分彰显出来。二要切实扩大高校办学自主权，保障高校按照教育规律办学。扩大自主权的一个关键问题，就是高校必须形成比较完善的内部治理结构、权力监督机制，具备用好自主权的条件、能力和品格。三要加快章程建设，推进高校依法、民主管理。各高校要完善师生权利、组织框架、决策机制、学术管理和民主管理机制等内容，构建决策、执行和监督相互协调相互制约的科学管理制度，形成依照章程管理学校的体制和氛围。四要扩大社会参与，建立学校与社会的良性互动机制。总结推广高校组建理事会或董事会的有益经验，充分发挥行业协会、专业学会、基金会等各类社会组织在高等教育公共治理中的作用，形成社会支持和监督学校发展的长效机制。

3. 加快推进世界重要人才中心和创新高地的建设

全面落实、加快建设世界重要人才中心和创新高地的战略部署，是高等学校在高等教育改革发展中发挥的引擎作用。全面培养急缺人才和基础学科人才培养，在探索中建设具有中国特色、世界水平的战略科学家、卓越工程师和哲学社会科学家培养体系，进一步实施“六卓越一拔尖”计划2.0，以新工科、新医科、新农科、新文科建设为抓手，打造拔尖创新人才培养的中国模式。主动适应科技与产业发展需要，促进高等教育链、人才链与产业链、创新链有机衔接，持续优化学科专业结构和分类办学体系，全面落实国家主体功能区规划，推动高等教育集群发展。提升关键领域自主创新能力，推进产学研协同创新，提高高等教育支撑国家人才需要和创新需求的服务能力，推动高等教育与区域经济社会融合发展，支撑和引领区域经济社会发展。同时遵循人才成长规律，优化人才成长环境，合理利用金融财政资源、人才资源、产业资源，加快形成有利于人才成长的培养机制、有利于人尽其才的使用机制、有利于各展其能的激励机制、有利于脱颖而出的竞争机制。实行更加积极、更加开放、更加有效的人才引进政策，利用好全球化资源，精准引进专业教育紧缺人才，让更多全球智慧资源、创新要素为我所引，为我所用，形成具有吸引力和国际竞争力的人才制度体系，建设具有国际影响力的人才队伍和世界水平的人才高地。

4. 加大领导和保障力度，形成提高质量的强大合力

各级政府要加强领导，加大投入，统筹好各方面力量，整体提升区域内高校办学水平。教育部门要加强督促、检查和指导，各有关部门要落实和完善项目资金、人事编制等保障措施，共同推进提高高等教育质量。各高校要切实履行好质量建设的主体责任，主要领导要集中精力抓质量，及时解决教育教学中的重点难点问题。高校主要领导要有战略眼光，应该成为全职管理专家，既要有先进的教育理念和管理驾驭能力，也要保证全身心投入办学和管理。要加快校长职业化进程，学校内部管理要全面服务于提高教育质量，充分发挥基层党组织、行政人员、群团组织的重要作用，形成人人关心、人人参与、人人服务质量提高的良好格局。

5. 以数字化引领高等教育未来发展

积极发展“互联网 + 教育”策略，加快推进高等教育数字化转型和智能化升级，促进高等教育在理念、体系、方法和实践方面的合理化变革，形成高等教育和科学研究的中国新模式。按照“需求牵引、应用为王、服务至上”的原则，将互联网、人工智能（AI 技术）、大数据、智能化服务平台与高等教育的发展有机结合起来，促进高等教育向数字化、网络化、智能化的转型升级，以数字化促进高等教育公平发展，提升高等教育普及水平。充分利用数字化技术开发智慧教育平台，为学生学习交流、教师教书育人、学校办学治校、对外合作交流、教育提质增效及改革创新提供平台保障与技术支持，促进个性化学习、终身学习和高等教育现代化水平发展。聚焦数智融合发展，全面开展基于人工智能的学习工具、学习空间、学习模式、认证模式与应用模式的开发，创新教育教学模式，助力人才培养的能力提升。持续加强 MOOC 建设，开发建设一批多平台、数字化、智能化、高水平的新型教学资源与系统，推进虚拟仿真实验教学建设，强化实验空间平台的应用。进一步利用新型信息技术提升高等教育管理数字化、网络化、智能化水平，推动高等教育决策由经验驱动向数据驱动转变，真正提高高等教育治理水平。

第三节　我国教育部本科教育教学工作合格评估指标分析

为深入贯彻落实中共中央、国务院印发的《深化新时代教育评价改革总体方案》，教育部印发了《普通高等学校本科教育教学审核评估实施方案（2021—2025 年）》，对“十四五”新发展阶段普通高等学校本科教育教学审核评估工作作出整体部署和制度安排。这是继 2014—2018 年审核评估总体完成后，教育部在教育强国战略背景下启动实施的新一轮审核评估，是深化新时代教育评价改革、进一步推进教育督导改革推出的硬招实招。

一、本科教育教学工作合格评估总体分析

《普通高等学校本科教育教学审核评估实施方案（2021—2025 年）》（以

下简称“新方案”）适用于未参加过上一轮教学工作评估的各类新建本科院校。普通高等学校本科教学工作合格评估以《中华人民共和国高等教育法》为依据，贯彻“以评促建，以评促改，以评促管，评建结合，重在建设”的指导方针，以“促进经费投入，促进教学建设，促进管理规范，促进质量提高”为重点。通过教学工作合格评估，将进一步加强国家对新建院校教学工作的宏观管理与指导，推动建立教学质量保障体系，使新建院校教学条件基本达标，教学管理基本规范，教学质量基本保证。

合格评估方案的制定从新建院校的办学定位与发展需要出发，努力体现国家的教育方针及对新建院校教学工作和人才培养的基本要求，反映高等学校教学工作的基本规律及高等教育教学改革的走势与发展方向。合格评估方案强调新建院校要坚持育人为本，德育为先，加强思想政治工作和民族团结教育，增强学生社会责任感。强调重视培养学生以区域经济社会需求和就业为导向，改革人才培养模式，着力培养应用型人才；强调要树立“办学以教师为本，教学以学生为本”的办学理念，重视教师队伍建设和对学生的指导服务；强调以提高教学质量为核心，加强教学基本建设，认真开展评价工作。

新评估方案妥善处理了继承与发展的关系，在保持评估方案基本稳定的基础上进行适当创新。新方案继续坚持“以评促建、以评促改、以评促管、评建结合、重在建设”的指导方针，统筹硬件建设与软件建设、教学改革与教学规范、目标管理与过程管理、形成性评价与总结性评价的关系。

以“促进经费投入、促进教学建设、促进管理规范、促进质量提高”为核心重点，建立适配新建院校所需要的评估指标体系，首要解决的问题是条件达标和管理规范的问题。因此要进一步加强国家对新建院校教学工作宏观管理与指导，使新建院校教学条件基本达标、教学管理基本规范、教学质量基本保证。同时引导新建院校紧密结合区域经济社会发展需要，改革人才培养模式，着力培养应用型人才，强调学校应主动适应和服务区域（行业）经济社会发展的需要，重视与区域经济社会及产业的合作育人，以提高质量为核心，改革人才培养模式，在师资队伍建设、专业设置和结构调整、培养方案、课程建设、实践教学等一系列环节上突出对应用型人才的培养。

新方案注重考查领导班子能力和人才培养方案的科学性，增加了“领导作用”和“人才培养模式”两个二级指标，这不仅考查学校是否有先进规范的教育理念，更考查学校是否具有一支尊重教育规律、教育理念先进、管理能力和执行能力较强的领导班子，同时强调制订科学合理的人才培养方案，创新人才培养模式，这对新建院校的建设和未来发展都是至关重要的。

新方案注重师资队伍的建设，特别强调师资队伍应符合学校战略发展布局及人才培养规划，增加了“教育教学水平”“教师培养培训”两个二级指标，侧重要求学校加强教师的培养，提出注重教学团队建设、带头人的培养，加强专业教师职业经历和职业能力的培养，并特别提出应重视青年教师的培训和专业发展，提高教育教学水平，引导新建院校建设一支具有发展后劲、适应应用型人才培养的教师队伍。

新方案注重考查地方政府对学校的经费投入，特别强调考察政府（主办方）对高等教育的投入情况。拟根据国情采用“学校举办方（含政府、行业和民办高校投资者）生均拨款分别达到或超过上一年本区域（东部、中部、西部）平均生均预算内教育事业费”的概念，既有利于促进政府经费投入，又照顾到区域的实际差别。

新方案强调应用型人才培养目标在教学建设中的引领作用，突出应用型人才培养目标在师资队伍建设、专业设置和调整、培养方案、教学内容与课程体系建设、实践教学等方面的统领作用，始终贯彻主动适应区域经济社会发展需要，培养应用型人才这一主线，从而使指标体系的内在逻辑关系更为严密，体现了学校培养目标（质量标准）符合社会、学生需要和国家规定的程度；学校实际工作状态符合学校确定的培养目标（质量标准）的程度；学校人才培养结果（毕业生）符合学校确定的培养目标（质量标准）的程度的“三个程度”评估原则，又有利于新建院校办学定位和目标的实现。

新方案突出“以学生为本”的现代教育理念，设置“学风建设”“课外活动”“指导与服务”等二级指标。一方面强调从学校整体氛围和制度建设上改善学生的学习风气；另一方面强调学校应在学习指导、就业指导、创业教育指导、心理健康咨询等各个方面为学生提供良好的指导和服务，充分体现了“以学生为本”的现代教育理念。

新方案重视实践教学和质量保证体系建设，针对应用型高等院校的人才培养特点，对实践教学提出更高要求，如要求 50% 的毕业论文（设计）在实验室、工程实践和社会实践中完成。对质量保证体系建设的要求始终贯彻在评估标准体系中，从办学思路到制订各主要教学环节教学质量标准，基本建立教学质量保证体系，保证体系的建设要明确具体。

新方案不设“特色项目”，但在办学定位、专业设置等相关的评估标准中，注重引导学校培育自身的特色；同时新方案不设核心指标，一方面是为了进一步简化评估的程序，规避在操作过程中可能出现的一些问题，另一方面是因为作为合格评估体系，其指标应该是最低标准，高校都应该达到这些要求。

二、本科教育教学工作合格评估指标分析

（一）一级指标：办学思路与领导作用

包含二级指标：学校定位；领导作用；人才培养模式。

1. 整体思路

办学思路是学校的顶层设计，对学校的建设发展具有重要指导意义；学校领导是办学思路的策划者、领导者和执行者。办学思路与领导能力都不是抽象概念，是在长期建设发展过程中逐渐形成的，因此，清晰的办学思路和强有力的领导作用对学校的建设和发展具有特别重要的意义。可以说，评估指标体系中的各项指标都应该是办学思路及领导能力的支撑和印证。

2. 学校定位

主要观测点：学校定位与规划。

基本要求：学校办学定位明确，发展目标清晰，能主动服务区域（行业）经济社会发展；规划科学合理，符合学校发展实际需要；注重办学特色培育。

指标解读：办学定位主要包括总体目标定位、学校类型定位、层次定位、人才类型定位、服务面向定位等。考察学校定位主要看其是否符合“四个为主”：一是以服务地方为主，看其专业布局是否面向地方（行业）经济社会发展需要；二是以本科教育为主，看其本科生比例是否适当；三是以应用型

人才培养为主，看其是否培养生产、建设、管理、服务一线需要的高素质专门人才；四是以教学为主，看其是否科学处理教学与科研关系，依据自身的条件优势和发展潜力，注重形成办学特色。学校定位不是一个口号，要通过审阅学校教育事业发展规划、学科专业建设规划、师资队伍建设规划和校园建设规划等材料，考察培养方案及培养过程，分析人才培养与办学定位的符合度。

重点分析：学校定位要求学校根据经济和社会发展的需要、学校自身条件和发展潜力，找准学校在人才培养中的位置，确定学校在一定时期内的总体目标，培养人才的层次、类型和人才的主要服务面向。学校的定位要适应国民经济或区域经济的要求，要适应社会和科学技术发展的需要，要符合学校的实际条件。服务面向有两层含义：一是为行业服务，为区域经济服务，为全国服务；二是培养学生主要从事研究、开发等基层的一些实际工作。学校规划的目标应体现学校的定位，其相应措施是为了保证学校定位的实现。专业建设规划对保证本科教育的健康发展、稳步提高本科教学质量具有重要意义。考察学校定位必须考察学校的规划，首先是考察学校的专业建设规划。专业的总体布局和结构要符合学校的定位，如与重点学科相匹配的、在行业或地区有一定影响的优势或特色专业。学校规划的目标应体现学校的定位，其相应措施是为了保证学校定位的实现。其次是考察学校的教育事业发展规划，学科专业建设规划，师资队伍建设规划和校园建设规划。

总之，学校办学定位要有规划，要符合区域发展需要，要符合学校发展实际，要能体现学校优势和特色，重点强调服务区域和功能，将学校办出地方或行业特色。

3. 领导作用

主要观测点：领导体制，领导能力，教学中心地位。

基本要求：领导体制，要求体制健全，法人治理结构完善。学校董事会（或理事会）、校务委员会、党委会机构发挥了各自的职能；建立了学校发展决策咨询机构并很好发挥了作用；建立了学校师生员工民主管理监督、建言献策的机制。领导能力，要求各级领导班子遵循高等教育办学和教学规律，树立“办学以教师为本，教学以学生为本”的办学理念，认真落实学校发展规划和目标，教育教学管理能力较强。教学中心地位，要求以提高质量为核心、落实教学工作中心地位的政策与措施，重视建立并完善内部质量保障体系；各级教学管理人员责任明确，各职能部门服务人才培养情况好，师生基本满意。基于强化教学的中心地位，主要对教学中心地位的具体政策与措施及落实情况、教学质量保障体系建设基本情况、师生对学校教学工作满意度、师生对主要职能部门服务教学的评价等方面进行管理监督。

指标解读：校级领导不仅要有战略思维能力、谋划发展的能力和凝聚人心的能力，更要懂办学、懂教育。各级领导应该具备先进的教育思想观念，这是高等教育发展的先导和动力，也是高等学校发展的任务和要求，学校的一切改革离不开思想观念的转变。同时对中层领导也提出了更高要求，对学校办学思路具有较强的贯彻能力、对教学有较强的管理能力、对自身具有较强的专业能力。先进的教育思想观念要具有时代特征，要随时代的进步不断转变，建立具有时代特征的质量观、人才观。学校要强化质量意识，牢固树立“人才培养的质量是高等学校生命线，提高教学质量是永恒的主题”的观念。结合学校的定位，制定质量标准并切实实行，切忌简单用精英教育阶段的质量标准来要求大众化教育阶段的教学工作，不同的学校在培养人才方面承担的任务不同，质量标准应有所区别。国家对高校培养人才的基本要求应该是一样的，但学校根据定位对培养的人才还应提出更为具体的要求。先进的教育思想观念，要遵循教育规律，处理好扩大规模与提高质量、统一性与多样性、“成人”与“成才”、规范管理与改革创新等关系。

学校领导在治学过程中，要带头转变教育思想观念，应有一个先于行动的核心理念，在观念、制度、工作上有所创新，明确学校应当树立什么样的思想观念，认真落实学校发展规划和目标。

高等学校的核心任务是培养人才，人才培养的中心环节是教学工作，因此，教学工作始终是学校的中心工作。学校教学工作中心地位应着重考核以下几个方面：是否以提高教学质量为核心，构建质量保证体系；党政领导是否重视教学工作，经常研究教学工作，并能深入教学第一线进行调查研究，解决教学工作中的问题；是否正确处理人才培养、教学工作与其他工作的关系；对教学的经费投入是否处于优先地位，并有稳定的来源；各级教学管理人员责任是否明确；各职能部门是否都能围绕育人进行工作，并能主动为教学服务，师生满意度高；学校的各项政策和规定（尤其是利益分配方面）是否都能体现对教学的重视；在对教师的考核中，是否实行教学质量考核一票否决制；育人工作是否已经成为学校的舆论中心等。

重点分析：在学校定位方面，关键点旨在强化民主管理、科学决策和依法治校。领导班子健全，相对稳定，结构合理，重视教育、教学规律研究。本科教育起始阶段应牢固树立本科教学的中心地位，处理好高校四项职能的关系：人才培养是核心，科学研究是基础，社会服务是方向，文化传承与创新是引领。要注意学院各职能部门要服务于学校中心任务，师生的满意度是检验工作效果的主要依据。

4. 人才培养模式

主要观测点：人才培养思路，产学研合作教育。

基本要求：高校的人才培养基本思路应坚持育人为本，德育为先，能力为重，全面发展；突出应用型人才培养，思路清晰，效果明显；关注学生不同特点和个性差异，注重因材施教。在产学研合作教育方面，积极开展产学研合作教育，在与企（事）业或行业合作举办专业、共建教学资源、合作培养人才、合作就业等方面均取得较好效果。

指标解读：在人才培养思路上，着重考察学校坚持育人为本的原则，注重学生思想品德教育的培养，注重培养学生社会责任感；要在专业层面考察学校制定清晰有效的应用型人才的规则要求，培养方案要注重德育为先、能力为重，并积极开展教学改革，探索因材施教等。产学研合作教育主要考察学校应主动服务于地方经济社会发展，有明确的服务方向和具体的服务对象，能够与业界建立长期、稳定、互动的合作关系等。

重点分析：人才培养目标定位应具备科学性与合理性。人才培养目标定位是高校办学定位的核心定位，制定目标定位是行为主体为了实现行为规范而对多种可能达到的目标所进行的理性选择。明确现代专业培养目标的定位，是办好学校教育、为当地社会和经济服务的前提。同时，人才培养方案是高校保证教学质量和人才培养规格的重要文件，也是组织教学过程、安排教学任务、确定教学编制的基本依据，它直接关系到人才培养的规格和质量，关系到深化培养模式、教学内容、课程体系和教学方法的改革。通过制定并执行人才培养方案，形成规范的“人才培养模式”，以相对稳定的教学内容和课程体系，管理制度和评估方式实施人才教育的过程，即目标 + 过程与方式（教学内容和课程 + 管理和评估制度 + 教学方式和方法）。高素质、应用型人才培养要按照人才培养方案的要求，出台行之有效的措施与办法，制订培养计划、构建培养体系、建立评价系统、形成培养机制。

产学研合作教育是一种办学方式，强调创新人才培养模式；强调实践教学；强调对培养具有实践能力和创新精神的高素质应用型人才的实践环境的培育；强调与区域经济社会及产业的合作育人平台拓展与实际效果。产学研合作应该是新建本科院校办学和培养应用型人才的必由之路，利用学校、社会两种教育资源和教育环境，开展合作办学、合作培养人才、合作就业项目，并将产学研体系化、制度化、契约化，形成学校与社会资源的互动双赢，使学生将理论与实践有机融为一体，真正满足人才培养目标的要求。

（二）一级指标：教师队伍

包含二级指标：数量与结构，教育教学水平，教师培养培训。

1. 整体思路

教育大计，教师为本。深化教学改革的关键在教师，保证教学质量的关键在教师。教师是办学的第一核心资源，合格的高等学校要有合格的教师队伍，教师队伍既是目前新建本科院校普遍存在的问题，也是合格评估重点考察的内容。因此在教学工作中，教师是主导、是关键，教师对提高教学质量和学校的发展起着重要作用。

2. 数量与结构

主要观测点：生师比；队伍结构。

基本要求：全校生师比达到国家办学条件要求；各专业的教师数量满足

本专业教学需要；合理地控制班级授课规模，有足够数量的教师参与学生学习辅导。

指标解读：在考察师资结构时，除分析年龄、学历、职称等常规指标外，还要依据办学定位，考察教师队伍的知识能力是否符合应用型人才培养需要，尤其是教师中具备专业（行业）从业资格和任职经历的教师。分析教师的结构状态时采用的是师资。这里的师资专指学校在编的、具有教师专业技术职务的人员（教授、副教授、讲师和助教），包括教学、科研、管理等岗位上的教师。符合岗位资格是指：主讲教师具有讲师及以上职务或具有硕士及以上学位，通过岗前培训并取得合格证的教师。主讲教师是每学年给本科生主讲课程的教师，指导毕业论文、实践等教师不计算在内。师资队伍发展趋势良好，它应有学科带头人，已形成学术梯队，并有数量适宜的骨干教师。学校要有稳定的学科带头人、学术梯队和骨干教师。专家将考核学校进出师资的职称和学历等。

重点分析：生师比为折合学生数与教师总数之比。在数字上以学生与教师总量为总体判断，分析专业满足度，以及总量与专业数量的关系，但也要注重可持续发展程度，不仅要审视当前的数字，也要分析发展趋势。教师的结构与人才培养需求的矛盾是多数学校的难点。

3. 教育教学水平

主要观测点：师德水平，教学水平。

基本要求：教师在师德方面应严格履行教师岗位职责，教书育人，从严执教，为人师表，严谨治学，遵守学术道德规范。教师在教学上应保障课堂教学、实践指导总体上能满足人才培养目标的要求，教学效果较好，学生基本满意。

指标解读：师德对学生成人成才具有潜移默化的影响，教师的教风直接影响学生的学风，因此要考察教师履行岗位职责，教书育人等情况，审视大多数教师是否做到了为人师表，严谨治学，从严执教，遵守学术道德。教学水平重点在考察学校教师的整体情况，不是以教师个体的水平判断教师教学水平高低，除听课外，重要的是看教学效果及学生的满意度等多方面情况，作出全面客观判断。

重点分析：教师风范是教师的世界观、人生观、价值观、道德修养、知识水平、文化水准、精神面貌的体现，是教师的德与才的统一性表现。在日常教育教学活动中，主要反映在课堂教学、科学研究、人格魅力、敬业精神和教书育人等方面。学校要重视师德建设，制定教师岗位职责，采取措施，促使教师把主要精力投入教学工作中，并引导教师正确处理教学和科研的关系。教师要严格履行岗位职责，做到“教书育人、为人师表”“严谨治学，从严执教”。严谨治学、从严执教要求学校领导和教师集体具有现代教育思想、科学的培养方案和教学内容，先进的教学方法，严格的考核制度，规范的教学管理，全身心投入的教学态度。教书育人要求教师要关心爱护学生，在传授专业知识的同时，以自身的道德行为和魅力，言传身教，引导学生寻找自己生命的意义，实现人生应有的价值追求，塑造自身完美的人格。教学质量的高低，是以实施培养方案的效果，能否达到预定的培养目标来衡量的。要关注日常教学工作中对教师进行的各种教学评估资料，专家抽查情况，考试试卷和毕业论文、毕业设计审阅情况，学生对调查问卷回答情况，专家随机听课时对教师的评价以及专家对用人单位和学生考察的结果。

学校应制定提高教师教学水平和能力的措施，对于青年教师进校 3 年内着重培养教学能力，并不断采取措施提高其教学能力。课堂教学、实践指导要满足人才培养目标的要求，具体做到：在教学准备阶段了解学生思想上存在的与本门课程教学内容有关的一些问题，认真研究和消化教材，确定讲授的重点和难点，在前两项工作的基础上写好教案和讲稿。在课堂讲授阶段，教师要为人师表，要言传身教，教风要正，观点正确，言之有物，讲课仪态要端正。教师应加强对课堂的管理，学会组织课堂教学，要强调课堂纪律，调动学生学习情绪，讲课要投入，有激情，富有感染力。要对教学过程有总结，做好总结反思才会不断提高教学水平，才会逐渐掌握教学规律。课后要注意听取学生对讲课的意见，主动征求学生的意见，包括教学内容、教学方法以及教学态度，认真总结意见，发扬优点克服不足。通过认真组织教学督导，确保教学质量和教学效果，要建立健全教学水平评价体系和教学质量保障体系，满足人才培养目标要求，让学生满意。

4. 教师培养培训

主要观测点：教师培养培训。

基本要求：学校应有计划开展教学团队建设、专业带头人培养等工作，有提高教师教学水平和能力的措施；有加强教师专业职业资格和任职经历培养的措施；重视青年教师培训和专业发展，使之发展有规划、有措施、有实效。评估中心解读：新建本科院校的青年教师比例普遍偏高，因此教师培养培训非常重要，对于教师的培养培训要重点考察，主要看以下三方面：一是看学校对教师培养培训的重视程度，看是否有“导师制”“助教制”、行业实践等有效措施，从而能全面提高青年教师教学技能专业实践能力；二是看专业带头人培养和教学团队建设计划及成效；三是看是否采取有效措施促使教师脱产或在职“充电”，不断提升教师教学能力。

指标解读：侧重要求学校有计划加强教师的培养培训，注重教学团队建设、学科、学术、教学等专业带头人的培养，加强专业教师职业经历和职业能力的培养，应特别重视青年教师的培训和专业发展，制订行之有效的“青年教师的培训和专业发展”规划，引导新建院校建设一支具有发展后劲、适应应用型人才培养的教师队伍；要努力造就一支“师德高尚、业务精湛、结构合理、充满活力”的高素质、专业化教师队伍。

重点分析：教师队伍建设，主要有四个方面的措施：第一，加强师德建设，教师作为人类灵魂的工程师，要进一步增强教书育人的责任感、使命感，要加强对教师职业理想和职业道德的教育，将师德表现作为教师考核、聘用、评价的首要内容。第二，提高教师的能力水平。要完善教师培养培训的体系，优化队伍结构，不断地提高教师的专业水平和教学能力。对高校来讲，要以中青年教师和创新团队为重点，建设高素质的高校教师队伍。第三，提高教师的地位待遇。要不断改善教师工作、生活、学习条件，吸引更多的优秀人才长期从教、终身从教。落实和完善教师的社会保障政策，要大力表彰有突出贡献的教师和教育工作者。第四，健全教师的管理制度。要严格建立教师资格制度，制定教师资格标准，要深化教育事业单位人事制度改革，全面实行聘用制度，加强岗位管理。要深化职称制度改革，建立以业绩为重点，建立由品德、知识能力等要求构成的人才评价体系。另外，还要制定和完善教师编制标准，加强对校长的管理，促进校长的专业化，提高管理水平等。学校应该有整体师资培训规划和经费保障，并且强调二级院系的作用，针对每个青年教师应有具体培养计划。

（三）一级指标：教学条件与利用

包含二级指标：教学基本设施，经费投入。

1. 整体思路

教学条件与利用主要考察办学的基本条件，但要充分理解对办学条件提出要求的目的是充分利用已有条件提高培养质量，也就是说要考察学校的投入产出比，考察教学条件建设以及现有条件的利用程度。一方面要充分理解提出办学条件的必要性；另一方面要处理好资源占有与利用的关系。

2. 教学基础设施

主要观测点：实验室、实习场所与利用；图书资料和校园网建设与利用；校舍、运动场所及设施建设与利用。

基本要求：严格按教育部教发〔2004〕2号文件规定标准执行。在考察实验室、实习场所建设与利用时，要在数量达标的基础上，要考察设备利用率和跟随行业技术发展的设备更新率；对于图书资源既要考察数量，也要考察过期书籍淘汰情况和学生利用情况。生均教学科研仪器设备值及新增教学科研仪器设备所占比例达到国家办学条件要求；实验室、实习场所的配置能满足教学基本要求，利用率较高。生均藏书量和生均年进书量达到国家办学条件要求。图书资料（含电子类图书）能满足教学基本要求，且利用率高；重视校园网及网络资源建设，在教学中发挥积极作用。生均教学行政用房面积达到国家办学条件要求；教室、实验室、实习场所和附属用房面积以及其他相关校舍基本满足人才培养的需要，利用率较高。运动场、学生活动中心及相关设施满足人才培养需要。

指标解读：教学科研仪器值是指单价在800元以上的仪器设备值。计算生均教学科研仪器设备值所用的学生数为折合学生数。统计实验室使用率和生均使用面积。生均图书和生均年进书量所用学生数是折合学生数。图书馆管理手段先进，使用效果好是指利用计算机网络及其他现代化手段采集、交流信息、管理能做到使用方便、效率高、利用率高。图书资料的利用率能从侧面反映学风状况，同时网络教学资源的利用反映了教学观念和水平，校园网建设主要考察建设水平、运行情况、在本科教学中的作用。在校园网建设中，要加快建设数字图书馆、多媒体网络教学环境。

重点分析：首先，高校应重点思考如何提高实验室的利用率，为学生提供更多的学习和研究的空间。其次，校舍状况标准中提出的要求是参照教育部教发〔2004〕2 号文件。生均教学行政用房面积中，教学行政用房是指教学用房、教学辅助用房及行政办公用房，这里用的学生数是全日制的在校生数。普通教室、实验室、语音室、计算机教室、多功能教室、多媒体教室、微格教室、绘画绘图教室等能满足不同形式的教室需要，能给教学内容的方法的改革提供良好的条件。学校的实践教学除在学校的实验室、实习场所进行外，还应根据学校性质和人才培养要求，规划、选择、建设校外实习基地，形成完善的实习基地群。实习基地应具备：稳定的场所；有明确的实践教学目的和内容；有稳定的教师和辅助人员队伍；有实习项目；场地、设施能满足教学需要。运动场学生活动中心及体育设施统计，能够满足人才培养需要。

3. 经费投入

主要观测点：教学经费投入。

基本要求：教学经费投入应较好地满足人才培养需要。其中，教学日常运行支出占经常性预算内教育事业费拨款（205 类教育拨款扣除专项拨款）与学费收入之和的比例≥ 13%，且生均年教学日常运行支出≥ 1200 元人民币，且应随着教育事业经费的增长而逐步增长。

指标解读：经费投入主要考察对教学工作的经费投入，教育经费投入是影响教学质量的保障性因素。考察教学经费投入，不仅从宏观上了解教学经费是否较好地满足了人才培养需要，在数量上还要考察教学日常运行支出；经常性预算内教育事业费拨款（205 类教育拨款扣除专项拨款）与学费收入之和的比例是否低于 13%。生均年教学日常运行支出是否达到 1200 元人民币且随着教育事业经费增长而逐步增长。其中学费收入是指学校实收本、专科生的学费总数。

学校要调整经费投入结构，切实把教学工作作为经费投入重点，加大对教学经费投入力度，并保证教学日常运行支出逐年有所增长。教学日常运行支出增长的情况，是考察学校近三年用于每个学生的教学运行基本经费在数量上的变化趋势。

（四）一级指标：专业与课程建设

包含二级指标：专业建设，课程与教学，实践教学。

1. 整体思路

专业与课程建设是教学内涵建设的核心内容，对人才培养质量具有决定性作用。考察专业与课程建设重点是看学校依据应用型人才培养目标，在专业建设，人才培养模式改革，教学内容和课程体系，教学方法和学习评价，加强实践教学等方面的思路是否清晰，措施是否得力，效果是否明显。重点要看学校围绕实现人才培养目标，在专业建设、改造，人才培养模式设计，教学内容和课程体系建设、改革，教学方法和手段改革，加强实践教学等方面，思路是否清晰，措施是否得力，效果是否明显等。

2. 专业建设

主要观测点：专业设置与结构调整，培养方案。

基本要求：有明确的专业设置标准和合理的建设规划，能根据区域经济社会发展需要和本校实际情况调整专业，专业结构总体合理；注重特色专业的培育。培养方案反映专业培养目标，体现了德、智、体、美全面发展的要求，构建了培养应用型人才的课程体系；人文社会学科类专业实践教学占总学分（学时）不低于 20%，培养方案执行情况良好。培养方案是人才培养的顶层设计，是实现培养目标、保证培养规格与质量的法规性文件，是组织教学过程和安排教学任务的重要依据。考察新建本科院校的培养方案，一是要考察制订培养方案的指导思想和原则；二是要考察制定培养方案的技术路线和论证过程；三是要考察课程体系是否体现应用型人才培养定位，实践教学时间是否满足《教育部关于进一步深化本科教学改革全面提高教学质量的若干意见》规定；四是要考察培养方案的执行情况及稳定性。

重点分析：专业设置与结构调整主要从三个方面考察。一是看是否符合学校的办学定位，是否制订了专业建设规划，是否重视特色专业建设；二是看专业布局是否符合地方（行业）经济社会发展需要，是否有专业动态调整机制，专业结构是否合理；三是看专业设置是否符合教育规律，有无专业设置标准及条件要求。制定《学科专业建设发展规划》，专业设置有科学的论证。每年能根据区域经济社会发展需要和本校实际情况调整专业，专业结构与布局总体合理，符合学校的定位、符合社会发展和经济建设的需要、遵循教育规律。遴选有特色专业，建设成效突出。学科建设并不等同于专业建设。专业建设在学生培养中作用更直接，专业设置和调整应有标准、有程序、符合区域（行业）经济社会发展需要，专业结构合理，同时重视新专业建设，大力发展复合型、应用型、技能型人才。

培养方案是保证教学质量和人才培养规格的重要文件，是组织教学过程，安排教学任务的基本依据，它是学生在校学习几年中，课内、课外的总体安排，重点考察制定培养方案的指导思想、原则、内容和执行情况。指导思想和原则要体现学校的定位，体现具有时代特征的教育思想观念，体现当前高等教育改革的主流。内容要体现学校所确定的指导思想和原则，执行培养方案严格，有相应的规章制度和文件作保证。专业培养方案应反映培养目标要求，课程体系及培养方案应能支撑培养目标，并且应认真落实，不能随意变动。

3. 课程与教学

主要观测点：教学内容与课程资源建设，教学方法与学习评价。

基本要求：课程建设有规划、有标准、有措施、有成效；根据培养目标的要求和学生的需求，开设足够数量的选修课；教学内容符合本专业人才培养目标，能够反映本学科的专业发展方向和经济社会发展需要，教学大纲规范完备，执行严格；注重教材建设，有科学的教材选用和质量监管制度；多媒体课件教学效果好，能有效利用网络教学资源。有鼓励教师积极参与教学方法改革的政策和措施，注重学生创新精神培养，教师能够开展启发式、参与式等教学，课程考核方式应科学多样。

指标解读：教学内容与课程资源建设是新建本科院校教学改革的重点和难点。学校应依据培养目标定位优先建好主干课程，科学整合一般课程，及时更新教学内容并保证教学工作有序开展。课程建设基本要求是所有开设的课程均应有教学大纲且严格执行。在教材选用上强调教材选用的科学性和评价机制，注重教材对应用型人才培养的适用性。在多媒体使用上强调多媒体教学的合理使用和教学效果，提出了有效利用网络教学资源要求，目的是为学生提供自主学习环境，培养学生的自学能力。教学方法与学习评价主要考察学校是否制定了鼓励教师积极参与教学改革的政策以及教师的参与度；学生在教学活动中的主体地位是否突出；教学方法是否能够体现师生互动，是否有利于增强学生自学能力、分析解决问题的能力和实践能力，是否有利于学生个性发展。指标尤其强调了考试方法改革，旨在利用学习评价这个指挥棒，促使学生从死记硬背转向灵活应用，从重考试结果转向重学习过程。

重点分析：课程是实现培养目标的基本单元。课程体系、教学内容、教学方法、教学手段等集中体现学校的办学思想和人才培养特征。教学内容与课程资源建设是人才培养模式改革的主要落脚点，也是教学改革的重点和难点。要重点考察教学内容与课程资源建设的总体思路、具体计划、配套措施、执行情况和已取得的成果。学校应根据本学科专业发展方向和经济社会发展的需要、培养目标和人才培养模式的需要，从对人才的知识、能力和素质的要求出发，进行课程改革与建设，进行优质课程建设、系列课程建设（特色课程、重点课程）、课程教学内容整合和精品课程建设，逐步形成一批教学质量高、有特色的本科优质课程。同时强调改革和教育思想观念相适应，考试内容和方式能够考核学生的能力，要重视学生考核方法的改革，重视优质教育资源共享体系建设。制订教研室发展规划与执行计划，有详细的教研室活动记录；每门课程均开展集体备课、同行评价、督导评教、学生评教、教学相长会等活动。

教学方法的改革中心是加强学生创新精神和实践能力的培养，充分调动学生的积极性、主动性和创造性。改革要有利于加强学生的能力培养，有利于学生创新思维和创新精神的培养，有利于学生个性和才能的全面发展。教师要尽量采用启发式、讨论式和案例分析等授课方式，避免课程讲授过度的现象，给学生留有自主学习的时间和空间。课堂上只讲重点和难点，重视学生在教学活动中的主体地位，提高学生的学习积极性。

4. 实践教学

主要观测点：实验教学，实习实训，社会实践、毕业设计（论文）与综合训练。

基本要求：实践教学对培养应用型人才具有理论教学不可替代的作用。实践教学体系设计应符合应用型人才培养要求。在教学计划中应和相关的课程保持协调一致、相辅相成的关系。要求实验开出率达到教学大纲要求的90%；有一定数量的综合性、设计性实验，有开放性实验室；实验指导人员结构合理，实验教学效果较好。能与企事业单位紧密合作开展实习实训；时间和经费有保证；选题紧密结合生产和社会实际，难度、工作量适当，体现指导到位，考核科学，效果较好。实习实训主要是考察学校能否与业界密切合作并建设稳定的实习实训教学基地；实习和实训经费是否有保障；采取什么措施保障实习实训时间，效果如何等。这里强调实习实训不仅要有时间保障，还要科学制定实习实训方案，要有胜任这一工作的指导人员，要改革效果考核方法。毕业选题紧密结合生产和社会实际，难度、工作量适当，体现专业综合训练要求；要有50%以上毕业论文（设计）在实验、实习、工程实践和社会调查等社会实践中完成；教师指导学生人数比例适当，指导规范，论文（设计）质量合格。

指标解读：实验教学在实践教学中占有重要地位，本观测点要求实验开出率要达到教学大纲要求的90%。在考察实验开出率时，要注意了解每组的人数，以确保实验教学效果，注重考查学生综合应用所学知识的能力。实验室开放考察的是开放的范围、时间、内容和对学生的覆盖面；实验指导人员结构合理是指学历结构和职称结构要有合理分布，并且作为实验指导人员应该具有一定的专业实践经验，提倡授课教师参与实验指导，密切理论教学与实践的关系。

实践教学与理论教学既有密切联系，又有相对独立性。它对提高学生的综合素质，培养创新精神与实践能力有着理论教学不可替代的特殊作用。要强化实践育人意识，合理制定实践教学方案和实验教学大纲，科学地设置实践教学体系。实践教学方案和实践教学体系要符合培养目标的要求，符合学校学科的结构。不断改革实践教学内容，改进实践教学方法，通过政策引导，吸引高水平教师从事实践环节教学。创造条件使学生较早地参加科研或创新活动。实验开出率达到教学大纲要求的90%，并增加综合性、设计性和创新性实验。实验室开放有利于培养学生的创新思维、实践能力，是教学管理改革的重要内容。实验室开放要考察开放的范围、开放的时间、开放的内容和对学生的覆盖面。

毕业设计（论文）与综合训练中的综合训练是指不同类型学校或专业在毕业前结合专业教育能力所进行的类似于毕业设计的综合教育环节，如毕业汇报演出、作品展示、医学临床实习、社会调查报告等。毕业设计（论文）与综合训练是学生所学知识的综合实践。评价毕业设计（论文）与综合训练主要看三点：一是选题。选题性质、难度、分量是否体现综合训练和培养目标的要求，是否结合专业实际，注重真题真做，是否有一半以上的毕业论文（毕业设计）在实验、实习、工程实践和社会调查等社会实践中完成。二是过程管理。主要看教师指导学生人数是否适当，是否有足够的时间指导学生，是否有过程管理和监控措施。三是看成果是否规范。主要看学生解决实际问题的能力、综合应用知识的能力、外语和计算机应用能力、应用工具的能力、写作的能力和表达的能力等。实习和实训主要考察时间、措施、效果。要采取有效措施，保证实习和实训的时间、经费、效果。要建立健全指导教师选拔制度、实习实训考核制度，切实加强实习实训基地建设，积极探索特色鲜明、效果显著的实习实训体系，满足人才培养的目标要求。

重点分析：社会实践包括教学实践、专业实习、军政训练、社会调查、生产劳动、志愿服务、公益活动、科技发明和勤工助学等活动，文化、科技、卫生"三下乡"和科教、文体、法律、卫生"四进社区"活动是新形势下大学生参加社会实践的有效载体，本、专科生在校期间至少参加一次"三下乡"和"四进社区"活动，开展活动的时间不少于两周。要建立社会实践与专业学习、服务社会、勤工助学、择业就业、创新创业相结合的管理体制；把社会实践纳入学校教学计划，规定学时学分，对大学生参加社会实践提出时间和任务要求；把大学生社会实践作为对高等学校办学质量和水平评估考核的重要指标，纳入高等学校党的建设和教育教学评估体系。同时，要把大学生社会实践与教师社会实践结合起来，组织高校干部、教师参加并指导社会实践。本着合作共建、双向受益的原则，从地方建设发展的实际需求和大学生锻炼成长的需要出发，建立多种形式的社会实践基地，力争每个学校、每个院系、每个专业都有相对固定的基地，并定期评选表彰大学生社会实践示范基地和优秀基地。

毕业设计（论文）包括不同科类毕业汇报演出、作品展示、医学临床实习、社会调查报告等。本科生毕业论文环节的作业（毕业论文、毕业设计）对学生来说是一次专业能力的综合训练。毕业论文或毕业设计的质量既反映学生在校期间的学习质量，也反映教师的水平和学校管理的水平。要有 50% 以上毕业设计（论文）在实验、实习、工程实践和社会调查等社会实践中完成。

考察毕业论文或毕业设计时，首先看选题，选题的性质、难度、分量、综合训练等能否达到培养方案的目标要求，选题是否结合实际；还应关注选题是否在时代发展前沿，有无明显的错误等；通过选题看指导教师是否有科研工作背景、实际工作（例如工程）背景，每位教师指导的学生数量是否适当，保证有足够时间和精力指导学生，并与学生交流、讨论。其次是考察毕业论文、毕业设计的质量；除考察本身的学术水平和应用价值外，还应考察以下几方面：解决实际问题的能力；综合应用知识分析问题、解决问题的能力；外语和计算机应用能力；在工作中应用各种工具（包括查阅文献、获取信息）的能力；某些学科的经济分析能力；撰写科研报告、论文、设计和表达、交流的能力；在工作中的团队协作能力等。

（五）一级指标：质量管理

包含二级指标：教学管理队伍，质量控制。

1. 整体思路

学校是评估和质量保障的主体，学校应建立自我评估制度，树立质量意识，严把教学质量监控关，提高教学管理队伍水平，完善管理模式，建立内部质量保障和监控的长效机制。

2. 教学管理队伍

主要观测点：结构与素质。

基本要求：教师管理队伍结构较为合理，队伍基本稳定，服务意识较强；注重教学管理队伍培训，积极开展教学管理研究，有一定数量的研究实践成果。

指标解读：教学管理队伍指标主要考察教学管理人员的结构与素质。结构与素质是指教学管理人员在年龄、学历、学位、职称等方面的结构要合理。管理队伍的稳定性主要用任职时间来考察。考察教学管理人员的教学管理研究与实践成果，一是看教学管理制度体系制定是否科学，执行是否严格，管理工作流程是否顺畅；二是看教学管理人员的服务意识，能不能做到以人为本；三是看教学管理研究状况以及能否用于实践。

重点分析：教学管理队伍包括学校分管教学的校领导、教务处等专职教学管理人员、院（系、部）分管教学的院长（主任）、教学秘书等教学管理人员等，教学管理队伍建设与师资队伍建设同等重要。要求管理队伍在年龄、学历、学院、专业、职称、任职时间、能力等方面，构成合理的结构，发挥最佳的整体管理职能。对管理者个人要求其具有适应管理工作的德与才，要求在重要岗位工作的管理人员应有从事教学工作或教学管理工作的经历。规范教学管理人员的岗位职责，促使管理人员把主要精力投入管理和服务工作中。教学管理部门既是行政管理部门，又是服务部门，也是学术研究部门。教学管理的改革必须以教学管理研究和教育研究为基础，因此，开展教学管理和教育研究是教学管理人员的重要任务之一。

3. 质量控制

主要观测点：规章制度，质量控制。

基本要求：教学管理制度规范、完备，主要教学环节的质量标准执行较严格，教学运行平稳有序。学校建立自我评估制度，并注意发挥教学状态数据库的作用，对教学质量进行常态监控。

指标解读：规章制度主要看教学管理文件的完备性；教学基本文件（含教学计划，教学大纲、学期进程计划、教学日历、课表等）制订的科学性；教学管理流程的清晰性；教学运行的有序性；执行制度的严格性、有效性。质量控制主要考察教学质量监控体系的六个环节：一是培养目标的确定；二是各个教学环节的质量标准要建立；三是信息的收集（包括统计、检测）；四是评估（建立学校自我评估制度）；五是信息的反馈（收集的信息要有反馈）；六是调控。重点考察教学质量监控的组织机构、队伍构成、监控措施，信息处理和反馈通道。

重点分析：教学管理文件和制度健全，体现先进教育思想，并积极采用现代管理技术，促使管理制度创新。采取措施，确保各项规章制度严格执行，保证教学运行平稳有序。如教师的调停课有无相关的制度和相关的手续等。各学校的定位不同，培养目标就不同，学生的知识、能力、素质的要求也是不同的。因此考察时要注意学生实际的知识、能力和素质情况。重要教学环节包括课堂教学、实验教学、学年论文、实习、毕业论文等，考察这些环节有无标准，并且这些标准要能体现好坏，并确保严格执行。建立自我完善、自我约束的教学质量监控体系是教学质量监控的重要保证。教学质量监控体系形成明确目标、各主要教学环节质量标准的建立、信息的收集、评估、信息反馈、调控等六个环节组成的闭环。学校开展教学评估的重点是课程评估、教师授课（实验教学）评估、学生学习评估、院系教学工作评估等。评估工作应有目的、有目标、有计划、有步骤地进行。学校开展评估工作，应有一个科学、合理、易于操作的评估指标体系，有实施办法和相应的奖惩制度，依照自身确定的人才培养目标，科学地制定不同专业的培养方案，建立各主要教学环节质量标准，并提供相适应的人、财、物条件和组织保障，加强过程管理（规范、激励），开展自我评估，收集信息，通过反馈、调节、改进等措施提高质量监控水平。

（六）一级指标：学风建设与学生指导

包含二级指标：学风建设，指导与服务。

1. 整体思路

教学以学生为主体，体现人本教育理念，考虑到新建本科高校的生源特点，新指标体系突出了学风建设，强化了对学生的服务与指导。

2. 学风建设

主要观测点：政策与措施，学习氛围，校园文化活动。

基本要求：有调动学生学习积极性的政策与措施，开展行之有效的学风建设活动。营造良好的学习氛围，学生学习主动、奋发向上，自觉遵守校纪校规，考风考纪良好。积极开展校园文化活动，指导学生社团建设与发展，搭建学生课外科技及文体活动平台，措施具体，学生参与面广泛，对提高学生综合素质起到了积极作用。

指标解读：学校要有加强学风建设和调动学生学习积极性的规章制度与具体措施，有明确的目标和具体内容，有组织保证和经费支持。学习氛围是学生在校学习生活过程中所表现出来的精神面貌，是学生在校园中经过长期教育和影响逐步形成的行为风尚。学习氛围是一种无形力量，它通过潜移默化的作用方式，对人才培养质量起着重要作用。营造和谐的校园环境和校园文化，建立完整的学生管理体系，完善的规章制度，开展丰富多彩的科技活动，课外实践等都是对校园文化建设效果的直观感受，也可以是从考查学生自觉遵守校纪校规和良好的考风考纪中体现。校园文化活动涵盖课外科技活动和课外文体活动。要有激励学生参加课外科技活动的活动平台和具体措施，学生科技活动要有组织保障、有计划、有场地和经费保障；分析学生参与面时，应以较长时间、系统地参加其中一项或几项的人数计入，这一人数占当年学生总数的 40% 左右时，可视为学生参与面较广。课外文体活动是指以提高学生综合素质为目的而组织的各项文化体育活动。学生社团活动是科技活动和文体活动的重要载体，学生社团组织活跃程度对提高学生的综合素质起到重要作用。

重点分析：学校要制定政策、采取措施、规范学生行为，调动学生学习的主动性和积极性，促使学生把主要精力投入学习生活中，树立良好的学风。学生要以学为主，勤奋刻苦。学校要大力开展学风建设活动，确保人才培养质量的不断提高。学校应该通过各种措施，为学生营造良好的学习氛围，感染、熏陶、激励学生热爱祖国、勤奋学习、诚实守信、自觉遵守校规校纪。要注意第一课堂和第二课堂的有机结合，第二课堂要贴近学生的学习和生活，搭建学生课外科技活动平台，鼓励开展与学科专业联系紧密、有利于培养学生创新能力的各类科技创新活动，以提高大学生多方面能力和扩展学生专业知识为目标。参加课外科技活动的人数是指以提高学生的创新意识、实践能力和拓宽专业知识为目的的各项科技活动的参加人数。参加课外文化、艺术、体育活动的人数是指以提高综合素质和拓宽专业知识为目的的各项文体活动的参加人数。统计时，应以较长时间、系统地计入参加的人数，只要这个人数占学生总数的一半左右，就可认定为“人数多”。有一定数量反映效果的研究论文、科技成果、竞赛获奖证书、先进事迹报告等，可认定为“效果好”。重视开展富有时代特点、体现学校特色的文化艺术活动，可以丰富校园生活，活跃校园文化。

3. 指导与服务

主要观测点：组织保障，学生服务。

基本要求：每个班级配有兼职班主任或指导教师；按师生比不低于 1 ∶ 200 的比例设置一线专职辅导员岗位；专职就业指导教师和专职工作人员与应届毕业生的比例要保持不低于 1 ∶ 500；按师生比不低于 1 ∶ 5000 的比例配备专职从事心理健康教育的教师且不少于 2 名，并设置相关机构；有调动教师参与学生指导工作的政策与措施，形成教师与学生交流沟通机制。开展大学生学习指导、职业生涯规划指导、创业教育指导、就业指导与服务、家庭经济困难学生资助、心理健康咨询等服务；要有跟踪调查毕业生发展情况的制度。

指标解读：组织保障主要考察学校学生管理工作体系建设情况、学生管理制度建设及执行情况，学生工作队伍建设是否达到国家规定要求，是否制定了调动教师参与学生指导工作的措施，效果如何。学生服务主要考查学生学习指导、职业生涯规划指导、创业教育指导、就业指导、心理健康咨询、特困生资助等服务机构与服务质量，了解学生的满意程度。学校要建立毕业生跟踪调查机制，通过毕业生跟踪调查，了解人才培养质量，促进专业调整和教学改革。

重点分析：学校应有专门的学生工作队伍和机构，职责明确，能有效开展工作；有调动教师参与学生指导工作的政策与措施，通过各种渠道，包括利用现代网络技术构建和形成教师与学生交流沟通的平台和机制；多方位、多层面加强对学生的指导，如学习、生活、活动、竞赛、实习实训、毕业论文（设计）心理、就业、考研等，大多数教师积极参与，对提高学生综合素质，体现“育人为本”“学生为本”，效果显著。同时要牢固树立“育人意识、服务意识、发展意识”，在有关机构的组建基础上，切实开展服务学生、关爱学生活动，如开展大学生学习指导、职业生涯规划指导、创业教育指导、就业指导、家庭经济困难学生资助、心理健康咨询等服务，服务学生求知求学，服务学生成长成才。有专门机构负责跟踪调查毕业生发展情况，并根据调研情况调适服务方向与服务措施，培养服务能力。

（七）一级指标：教学质量

包含二级指标：德育，专业知识和能力，体育美育，校内外评价，就业。

1. 德育

主要观测点：思想政治教育，思想品德。

基本要求：学校创新思想政治教育形式，丰富思想政治教育内容，思想政治教育工作的针对性和实效性较强，学生比较满意，评价也较高。学生展现出良好的思想政治素质，表现出服务国家和服务人民的社会责任感和公民意识，具有团结互助、诚实守信、遵纪守法、艰苦奋斗的良好品质，学生能积极参与志愿服务等公益活动。

指标解读：大学生思想政治教育是高等教育的重要任务，是教学改革的重点和难点，要创新思想政治教育形式，丰富思想政治教育内容，增强针对性和提高实效性。本观测点主要考察思想政治教育方法、学生的思想政治水平和满意度。学校应认真贯彻落实中央有关文件的各项规定，培养学生热爱祖国，勇于奉献，诚实守信，遵纪守法的良好品质。学生应具有正确的世界观、人生观、价值观，学生参与社会公益活动的积极性较高，所表现出高度的社会责任感。

重点分析：思想道德教育主要考察学校是否重视学生思想道德教育，积极开展教学改革，提高思想政治类课程教学效果，在加强思想政治工作和民族团结教育方面成效显著，培养了学生热爱祖国，勇于奉献，诚实守信，遵纪守法的良好品质。学校思想政治工作要贯彻“三进”方针（进教材、进课堂、进大学生头脑），要形成教育体系，构建长效机制，明确学生的评价是检验效果的根本依据。思想政治素质是最重要的素质；道德素质是个人在社会生活中进行价值判断、行为选择、处理与他人利益关系的内在枢纽，当代大学生要有高尚的道德情操和良好的修养。文化素质的内容是广泛的、多方面的，它是需要长期培养和熏陶的。文化素质教育要开设以人文科学为主要内容的课程、讲座，还要开展相应的活动，同时要营造校园文化，形成浓郁的人文教育氛围。注意学生的心理咨询、心理治疗，培养学生良好的心理素质。

2. 专业知识和能力

主要观测点：专业基本理论与技能，专业能力。

基本要求：了解学校对学生的知识结构、能力培养的总体设计，了解课程开设情况、学校的文化科技氛围，学生的实际状况和所反映的实际水平。达到培养目标的要求，学生掌握了专业基本理论、基本知识和基本技能，具备从事本专业相关工作的能力。

指标解读：专业基本理论和技能主要考查学生对专业基本理论和技能的掌握与应用能力，专业能力是指学生从事所学专业相关工作的基本能力。

重点分析：重视学生在校学习期间基本理论与基本技能培养的现状、实际水平，判断学生的学习质量、基本素质和进一步学习、发展的基础，了解学校对学生的知识、能力结构（培养方案）的要求，主要课程的教学大纲，了解选修课程、学校的文化科技氛围。在此基础上，通过学生在校学习的成绩、试卷质量、评分标准（进行考试改革，以严格考试管理、严肃考场纪律、严格评分标准为前提），结合在横向可比较的考试与竞赛中的成绩，考查学生的实际水平和学生在校期间学习质量提高程度。学校要根据培养方案、培养目标和专业、行业、社会技能要求，切实培养、提升学生综合素质，构建所需基本技能要点，在教育教学中付诸实施，效果优良。

3. 体育美育

主要观测点：体育和美育。

基本要求：《国家大学生体质健康标准》合格率达 85%，学生身心健康。开设艺术教育课程，开展了丰富多彩的文化活动，注重培养学生良好的审美情趣和人文素养。

指标解读：体育按《教育部和国家体育总局关于实施〈国家学生体质健康标准〉的通知》（教体艺〔2007〕8 号），测试大学生体质健康标准合格率为 85% 及以上。学校群众性体育活动普遍开展，学生有良好的锻炼习惯，学生身心健康。美育要求学校开设艺术教育的相关课程，开展了丰富多彩的群众性艺术活动。学生在这些课程和活动中，受到了艺术熏陶，养成了良好的审美情趣和人文素养。

重点分析：按《教育部和国家体育总局关于实施〈国家学生体质健康标准〉的通知》（教体艺〔2007〕8 号），测试大学生体质健康标准合格率为 85% 以上。体育除考察《大学生健康标准》合格率外，还要看学校开展群体性体育活动和竞技体育的情况。学校在公共课、选修课等课程设置中，开设有艺术教育课程，或者开设了全院性艺术教育专家学者讲座，学生参与程度较高。同时学校开展了丰富多彩的群众性艺术活动，这些活动富有时代性、艺术性、审美性，注重培养学生良好的审美情趣和人文素养，效果较好。

4. 校内外评价

主要观测点：师生评价，社会评价。

基本要求：学生对教学工作及教学效果比较满意，评价较好；教师对学校教学工作和学生学习状况比较满意。学校声誉较好，学生报到率较高；毕业生对学校教育教学工作认可度较高，评价较好；用人单位对毕业生满意度较高。

指标解读：师生评价在考察中主要通过走访、座谈、问卷调查或与师生的随机交流，了解师生对教学和教学管理工作的感受与评价，重在评判师生员工对教学工作的满意度。社会评价主要指社会对学校的办学水平和人才质量的评价，反映了社会对该校人才的需求。可以通过学校的录取分数线与当地的控制线的差异、第一志愿录取率、新生报到率，看出用人单位、家长、校友等对该校毕业生的反映，尤其要重视用人单位对毕业生的评价。

重点分析：师生评价主要以访谈方式进行，考察师生对学科布局、专业结构与设置、本科教学、教学基本建设、教学基本条件、队伍建设、教学管理、教学水平、教学质量、质量监控、课程教学与改革、课堂教学质量、考核评价方式与效果、教师待遇、人才培养方案等涉及本科教学工作的满意度和以上层面是否有开展切实有效的校内评估，是否形成了建设与发展的长效机制。学生评价体现在各职能部门服务人才培养情况好，师生基本满意，教师教学效果好，学生基本满意，校园文化活动丰富，学生评价较好，学生服务的各项内容比较满意，思想政治教育时效性强，学生评价较高，学生对学校教学工作比较满意，评价较好，毕业生对学校教学工作和就业工作认可度较高等方面。社会评价主要指社会对学校的办学水平和人才质量的评价，反映了社会对该校人才的需求。

5. 就业

主要观测点：就业率，就业质量。

基本要求：应届毕业生的初次就业率达到本地区高校平均水平。就业面向符合学校培养目标要求，毕业生就业岗位与所学专业相关性较高，就业岗位适应性较强，有良好的发展机会。毕业生和用人单位对就业工作的满意度较高。

指标解读：考察就业率，一是看应届学生的初次就业率是否能达到本地区高校平均水平（初次就业率统计到毕业当年 8 月 31 日前，计算就业率分母应该是当年获得毕业证的学生人数）；二是看学校促进学生就业的措施以及效果。就业质量是合格评估提出的新要求，主要考查毕业生的就业岗位与培养目标的符合度与所学专业的相关性，毕业生对就业岗位的适应能力以及发展潜力等。同时了解毕业生和用人单位对就业工作的满意度。

重点分析：毕业生的初次就业率应≥ 70%，年底就业率可作为参考，要有促进学生就业的措施，要求多数学生就业面向与培养目标的符合度一致，专业相关性主要取决于毕业生的评价，同时重视毕业生去向及用人单位的评价。

第三章　我国传媒类高校的人才培养

随着新媒体技术的不断发展，媒介融合时代的传媒教育受到巨大冲击，媒介革命必然促使传媒教育大变革。面对国内传媒类高校转型发展的重要时期，深入探讨如何培养适应行业发展及产业需求、具有全球化视野与互联思维的新传媒人才，有着重要的现实意义。其中，对当下国内传媒类高校的办学思路、教学设计、师资队伍建设、课程设置、科研平台建设、实践教学创新现状等方面进行分析和总结，有助于进一步提升传媒高校教育质量，并促进我国传媒类高校人才培养机制的不断完善。

第一节　研究背景

根据2023年ABC中国大学排名数据，我国现有公办本科传媒大学有三所，分别为中国传媒大学、浙江传媒学院和山西传媒学院，其中中国传媒大学进入2023年ABC中国大学排名榜单百强，排名第76；民办本科的传媒大学包括南京传媒学院、河北传媒学院、四川传媒学院、河南开封科技传媒学院、武汉传媒学院、天津传媒学院、辽宁传媒学院等。从排名来看，民办传媒类高校在民办大学排名榜单中普遍排名较高，南京传媒学院、河北传媒学院及四川传媒学院均进入榜单50强，证明民办传媒类高校同样具有较高的竞争力。此外，全国开设传媒类专业有千余个，以新闻类专业及编导类专业为主，同时包括播音与主持、影视摄影与制作、录音艺术专业等。面对时代发展，传媒类高校培养的专业人才肩负着行业发展的重任，探索出更加适应时代、适应行业发展、适应学生成长的传媒教育教学改革新路具有现实意义。

传媒类院校及传媒类专业的快速发展，与当今媒体发展的态势关系密切。"2023年3月中国互联网络信息中心发布的第51次《中国互联网络发展状况统计报告》中提到，截至2022年12月，我国网民规模达10.67亿，互联网普及率达75.6%"[①]，互联网发展呈现速度快、时效性强、信息量覆盖面大等突出特点。传统意义上传播链条中的受众群体如今可以轻易地使用移动通信设备成为各类信息的制作者与传播者。如何呈现新时期的传媒特性，是顺应时代的传媒人亟待明确的。从全球范围来看，网络媒体全球化、信息化程度加深，传媒行业在很多角度代表国家形象，传媒人的责任更加重大。在媒介融合发展的大背景下，对于传媒行业从业者的复合型要求更大，新时期的传媒人需要更为全面的知识结构，还要有国际视野、有维权意识、创新意识，同时需

① 新浪财经.CNNIC报告：截至去年12月我国网民规模10.67亿 互联网普及率达75.6%[R/OL].（2023-03-24）[2023-10-09].https://baijiahao.baidu.com/s?id=1761230974960816983&wfr=spider&for=pc.

要与时代接轨的实践技术等。研究融合媒体人才培养特点，有利于高校更有针对性地设计评价标准，提高教学质量，培养出适应时代的传媒人才，推进传媒事业的发展。

第二节 媒介融合背景下培养新传媒人才的必要性

随着经济全球化和信息全球化的不断发展，世界范围内的传媒行业不断改革重组，竞争的格局更为宽泛，边界不断加深交互，媒介融合的概念应运而生。媒介融合又称为媒体融合，是指在以数字技术、电子通信技术和网络技术为核心的科学技术的推动下，组成大媒体业的各产业组织。在社会需求和经济利益的驱动下通过并购、合作及整合等手段，实现不同媒介形态的传播渠道内容融合和媒体终端融合的过程，研究如何在全媒体时代培养优秀的传媒人才，具有必然性。

一、提升传媒教育水平是传媒新技术的要求

当前，数字化传媒技术及网络信号传输技术已经普及，与传统的纸媒及模拟信号记录的传输方式相比，在媒介融合时代，传媒人才应该具备洞察世界传媒趋势的敏锐度，能够灵活运用各种新的传媒技术与手段、挖掘多样信息渠道的能力，不断重构媒介行业发展与信息传播价值之间的产业链条，并呈现出动态化的优化控制与组合过程。在这种背景下，传媒人才呈现“通才”趋势，即行业需要不断提升自身可塑性与灵活性，能够适应传媒市场的动态要求，能够在自身产业价值和产业形态不断动态发展的过程中带来经济效益及良好传媒素养的专业人才，而非强调某一局限领域的专才。例如在短视频平台飞速发展的当下，一条一分钟的短视频新闻，在以往的传统工作状态下需要配备相应的摄像、记者、编辑等不同工种的专业人员协调完成，而如今传媒工作者们身兼数职，可以独立完成作品的拍摄制作甚至编辑、修改、上传等工作也能一并处理，对技术掌握的要求则会更高，全能型的媒体人在传媒行业中更具有优势，这与更加先进的技术发展有着重要的关联。

技术发展并不意味着从事传媒行业可以凭借一己之力单打独斗，虽然个人的能力素质要求更高，但同时需要媒体人有更为全局的战略眼光，立足自身，相互配合，更好地迎合受众需求，在激烈的市场竞争中抢占先机，使自身优势成为竞争核心。

除个人认知的角度外，我国传媒类高校在传媒专业的培养目标、课程建设、师资队伍建设、创作平台建设等方面，同样要适应新技术的发展变革。传媒类专业普遍与技术紧密相关，比如摄影、编导、播音与主持、录音艺术等专业都需要专业技术与设备支持，这就需要传媒类高校加大资金投入，并通过产教结合的方式转化教学成果，形成社会价值输出；同时教师的实践创作能力、理论知识构架都应该相应调整，课程设置也应不断更新，调整办学和教育理念，重视实践教学成果，以适应新媒体时代的技术变革。

二、提升传媒教育水平是产业新格局的要求

近年来传媒业出现了媒体融合的趋势，产业链条上的各个环节的边界逐渐模糊，影响到教育行业的发展的主要表现形式就是跨学科研究对传媒人才教育的重要性。在媒介融合出现前，传媒专业教育往往侧重于“专”，即培养专业化技术人才，专业划分细致，教学内容单一，多为注重传播理论知识体系与相关专业技能的培养。在现阶段，传媒教育大多都设置为单独的二级学院，或是专门类的应用型传媒类高校，教学内容也不再是唯技术论和专一性，所涉及的教学范围不再局限于传媒领域，而拓展到包括经济、法律、通信、电子科技、管理等方面的内容，各学科边界的模糊使跨学科研究成为必然。在新媒体时代，传媒产业需要的是具备跨学科融合能力的复合型知识结构的传媒人才。

（一）复合型与专业型并重，打造多元化传媒人才

随着新媒体产业的不断发展，对传媒教育提出了更高要求，使传播领域的高校教育配合一系列变革有了新的发展。要求传媒教育培养的目标不再是专攻于培养精通单一技能的专业型人才，而是要求学生无论在文本创作还是

音视频摄录制作都能应对自如，在培养过硬的专业技能的同时培养知识广博的复合型传媒人才。这种变革是世界范围内的，比如美国密苏里大学新闻学院在2005年就新开设“媒介融合”专业方向，为全球新闻专业人才培养开辟新领域，并在相应的媒体融合实践项目上进行新探究；佛罗里达大学在21世纪初就最早提出传媒专业未来的专业化、大众化、多元化和跨学科化的培养趋势；国内各传媒院校及专业也在媒介融合改革的路上不断探索和努力，根据对近几年中国传媒大学、浙江传媒学院及山西传媒学院各专业人才培养方案的分析，各院校加大了对学生人文和社会科学知识的重视程度，同时加强了实践创作比例，强调业务技能的提升；综合类高校的传媒专业开始注重与其他优势专业的联合培养模式等。

鼓励跨学科式的专业建设，能够使现有的教育资源得到充分利用，有利于推进多学科交叉发展，促进各专业间的知识互动，提高学生融媒体运用能力及跨专业学习能力，根据行业需求应用新的技术装备，打破专业壁垒，在专业之间搭建融会贯通的渠道。

（二）建立复合型教学体系，培养应用型传媒人才

技术发展为传媒行业的变革带来了更强的互动性，也是目前业界最为关注的角度，受众对于更为深入的信息内容和更具职业性的专业分析超过对一般性信息的需求，同时追求个性化的传播内容与方式。在信息过泛的时代，获取某领域更为专业的信息并能提供相关实践指导更受大众青睐。进入“用户为王”与“内容为王”的信息时代，复合型人才更被行业与产业需要。

传媒行业的核心竞争力，不仅在于获取和传播信息，还需要筛选、整合并选择恰当的方式进行内容的深度挖掘，有效提高传播信息的效度和信度。这就要求传媒人才具备深厚的文化水平与逻辑思辨能力，能够挖掘信息背后的信息，表象背后的内驱力，并具有预测事件走向的判断力，为受众提供高质量专业化的信息服务。各高校应结合自身教学资源和培养方案进行评估和整合，以适应时代新趋势下人才的需求，为实现跨院系、跨专业合作制定合理方案，达到课程资源优势互补的目的。山西传媒学院在“十四五”改革建设的新阶段，就创新性地将传播学、哲学、美学、管理学、史学等课程以学科选修课程的形式，列入所有本科专业的人才培养方案，让学生真正掌握新媒体时代复合型人才应具备的专业素养，并强调课程衔接。特别是与产业新格局紧密联系，以产业需求为核心，鼓励未来的传媒人才加强跨专业学习，构建全面的适应数字环境下传媒行业所需的知识体系，以适应社会与产业发展的需求。

三、提升传媒教育水平是高等教育改革的要求

创新是推动国家和社会不断发展向前的动力。要做到真正的创新，就要不断加强理论联系实际，发现问题，并有改革创新的决心，锐意进取。改革开放以来，我国始终坚持科教兴国，不断加大对教育事业的投入。在激烈的国际竞争中，高等教育更应全面贯彻党的方针路线，培养创新型和知识复合型人才。高校作为专业人才培养教育的摇篮，更是要走在改革前列，作出具有创新性和先进性的改革。

2014 年政府工作报告中作出了“大众创业，万众创新”的指示，强调人们在创造财富的过程中，应更好地实现自身价值和精神追求。高等教育要承担大学生从应试教育到素质教育转变的教育工作，重点在于促进学生思想的转变与人格的完善。高等教育应注重培养学生的创新意识及由内而外探索世界的思维方式，通过更为灵活的引导式、讨论式、实践式的教学思路，激发学生的学习热情；在充分调动学生学习积极性的基础上夯实理论知识基础，创造实践条件，鼓励实践锻炼；加大对高校创新性课题、科研类竞赛的资金与人力投入，保障建立健全完善的创新改革环境。

在高等教育体制内部，要紧抓教育质量和教育效率，充分调动高等教育工作者的积极性，从健全教师评价制度入手，切实做到尊重知识、尊重人才，杜绝烦冗的行政人员管理办法，保障一线教育、科研人员的教学科研条件，从法律和制度上真正保障他们的研究成果。特别对于年轻一代的青年教师更应发挥所长，把真正有新技术、有创新力、有实践经历的教师往前推，形成百花齐放、青出于蓝的改革新局面。

此外，适当给各高校更多的改革自主权，是推进有特色创新改革的手段之一。我国幅员辽阔，不同地区的经济实力、教育水平存在差异，在高等教育改革中，就要做到因时而异，因地而异。如果高校拥有更多的办学自主权，就可以更好地结合本地区和本学校的特点，在高等教育改革中提高改革的效率和效果。同时，也要加大对拥有自主权高校的监督力度，引导、帮助高等教育改革从地区到全国都要成功，积极探求高等教育改革的新方法，为高等教育改革创造更好的环境。

第三节　国外传媒高等教育实践

传媒人才的培养发端于17世纪的德国，现代传媒专业教育则产生于20世纪初的美国。由于各国的政治、经济、文化和历史背景的不同，各国传媒人才的培养体制也呈现出不同的特点，而美国、英国等国的传媒人才培养实践颇具典型性，其相对成熟的传媒教育理念和模式对我国的传媒人才培养有着一定的借鉴作用。

一、美国文化传媒人才培育的实践

美国是近现代新闻教育的发源地，1908年，世界上第一个新闻学院在美国密苏里大学正式成立；1912年，美国哥伦比亚大学新闻研究院成立。这两所大学一直到今天都被认为是传媒教育的典范。美国的传媒教育迄今已有百年的历史，并随着时代的发展而在不断地改革，发展到今天已经相当成熟。

“职业化”是美国传媒教育明显的特征，以实践为导向，注重实际业务技能的训练，依托实践基地等方式，学以致用、以用促学，使学生能迅速地适应工作环境，满足行业的需要。这种典型的实用型教育思想，促使美国传媒教育格外重视对学生的专业技能培养。因此，美国新闻教育专业课程设置总体上采取了轻理论重实践的取向，以实务训练为本位，重视采、写、编、评等业务技能的传授，实用技术类课程在所有专业课中占75%；不单独开设新闻理论课，新闻理论内容融于新闻写作课之中。密苏里大学为师生提供了优良的实践平台，其新闻学院主办的 KOMU 电视台作为 NBC 的一个分支机构，是全球唯一一家由学生担任记者、制片人和电视录像制作人的商业电视台，使学生在没有正式进入媒体前就已经熟悉了媒体的具体工作。

美国新闻院校普遍强调任课教师要有新闻实践背景，这也在一定程度上体现了对实践能力的重视。作为职业化新闻教育代表的哥伦比亚新闻学院和密苏里新闻学院，几乎所有教师均有一线媒体实践工作经验。

在人才培养模式上，美国是多元的，各高校传媒人才培养模式千差万别、各具特色，总体形成了差异化的发展态势。如哥伦比亚大学在培养专业型新闻人才方面，采用将四种生源混合，包括本科毕业生（专业不限）、在职记者、不同职业背景的学员，还有少部分国际留学生，因其具有不同的专业背景或来自不同的职业，因此只需要对学生进行专业性、职业化的新闻技能训练，使其熟练掌握新闻业务操作技能，加之其本身具备的某一专业领域知识，就可以实现专业化复合培养的目标；密苏里大学创立了一种影响深远的新闻教育模式，其基本内容包括课程体系、实践体系及支撑体系三大部分，其中实践体系和支撑体系是该“密苏里方法”中最难人为复制的部分，完善的实验基地和师资队伍、设备支撑、媒介关系、社会资源等都保障了传媒人才的培养要求；丹佛大学新闻传播学院采取的是跨学科的人才培养方法，从 1987 年开始就与其他专业跨学科联合培养硕士研究生，学生可在两个院系或三个院系修课，学位由多个院系共同颁发，这种与其他学院合作培养传媒人才的模式有利于实现资源共享，真正实现复合型人才的培养。

二、英国文化传媒人才培育的实践

英国的大学新闻教育起步较晚，但英国以其悠久的历史和文化为背景，以富有特色的大学教育传统和发达的传媒业为基础，在传媒教育方面形成了自己的特点，成为当今世界上颇具代表性的传媒人才培养模式。

“学徒式的报馆新闻训练”是英国新闻人才培育的重要途径和一大特色，到地方报纸做学徒，这曾是进入新闻业的必经之路，在 20 世纪 70 年代以前，一直是英国新闻人才的重要来源。这种以“学徒制”为特点的新闻教育，具有明显的职业训练特色，所有要进入新闻行业的人员，都必须参加入职前的业务培训，即使是具有媒体工作经验或拥有大学学位的人，也必须在 18 个月内通过报刊新闻学、文字处理、出版法、地方性法规、国家政府法规、速记等 7 门资格考试，才有资格参加职业证书考试，从而获得最终媒体从业资格。英国新闻业悠久的学徒制强化了新闻实践的特点，但过于强大的学徒制传统使得英国的大学传媒教育在 20 世纪 90 年代以前缺席，英国新闻业呈现半专业化状态。

今天，英国的传媒教育由于起步晚，仍未完全摆脱“学徒制”的影响，即使在浓厚的大学学术氛围下，英国的传媒教育也呈现出鲜明的“重术轻学”的特色。从培养目标来看，英国学界对传媒人才教育的目标定位为：“培养能够写好新闻的记者”“为新闻和媒介工业培养候选人，为那些很有可能成为媒介实践者的人提高媒介素养。”从课程定位来看侧重通识性课程和实际业务及专业精神方面的课程，比如在谢菲尔德大学，速记课程几乎占据了报纸新闻的本科生、研究生第一学期接近一半的课程时间。同时，本科新闻教育非常重视基础，在英国城市大学的课程设置中 50% 以上的课程为非新闻类课程，同时要求本科生都是双学位，比如新闻与当代历史，新闻与社会科学等。从内容设置来看，英国新闻教育是注重“术”的专攻，并以实际应用为最终目的。因此在教学内容上侧重技能和实用性。传媒院系一般都会有数个相关的媒体实践部门相对应，为学生提供了大量的实习机会。从师资来源看，英国的传媒专业大都以自己老师曾经或者一直在从事的媒体工作作为吸引生源、加强与业界联系的一个重要砝码。同时与社会各界尤其是媒体保持良好的关系，持续将业界人士请进课堂和学生探讨，交换意见。

三、国外文化传媒人才培育的借鉴意义

他山之石，可以攻玉。美、英等国在培育传媒人才方面有一些共通之处，对促进我国传媒人才培育的发展具有一定的借鉴意义。

首先，美国的传媒人才培育呈现出由“职业化教育”到强化理论研究后又向重视专业技能回归的趋势。英国模式是传媒教育“重术轻学”的典型代表，侧重在职培训，虽然英国传媒教育的发展要晚于美国和其他新闻事业发达的国家，但由于英国的在职教育训练非常充实，且有强大的制度保障，使得其传媒人才培养的质量并不逊色于美国。随着大众传播媒介的迅速发展，英国开始注重系统的新闻教育和深入的传播研究，并形成新闻教育与传播研究两大领域。

其次，“开放”与“沟通”的思维，体现在传媒专业教育和通识教育的协调融合方面。美英等国传媒教育的学科设置与教学内容，普遍重视通识教育，以社会科学为依托，培养学生的社会科学素质和人文理论素养，并针对理性思维、逻辑思维进行训练和学习。“开放”与“沟通”的思维，还体现在传媒教育的开放合作上，包括各学院的资源共享、校际的合作、对外的沟通交流等方方面面。英国 19 所大学组合了 100 多个学分的新闻教育课程，打通了更高层次的不同学校、不同学科的合作路径。美国很多新闻学院都和自己所在大学的其他学院实现了资源共享、合作培养硕士生和博士生；不同学科之间的课程共享机制也比较成熟；各院系积极寻求与媒体、行业、公司的合作，形成良性互动关系。

纵观国外传媒教育发展史，我们可以得出结论，对通识教育和人文精神的强调已逐渐成为国际传媒教育界和学术界的共识，彻底回归传媒教育本身的人文品质，以人文精神和人文关怀全面指导传媒教育，是实现综合性、学术性和人文性的传媒教育发展的必然选择。国外文化传媒人才培育的成功实践，是多方因素共同促成的结果，与其所处环境的地域文化、产业背景、传媒体制、教育制度等都有关系。传媒教育不存在一个“放之四海而皆准”的成功模式，我们在借鉴国外成功经验的同时，要结合我国的具体情况展开，因地制宜、扬长避短，探索具有中国特色的传媒人才培育策略，更有效地推动我国传媒人才培育的可持续发展。

第四节　我国传媒类高校人才培养的路径分析

党的二十大报告提出要加快建设教育强国的战略目标和加快建设高质量教育体系的具体要求。高等教育是我国教育体系的重要组成部分，以高质量教育体系支撑教育强国建设，是新时代中国高等教育的使命任务。打造高质量教育体系，推进高等教育发展，是新时代新征程加快建设教育强国、顺应广大人民群众对高等教育美好期待的基础工程和重要途径。勇担高等教育新使命，奋进高等教育发展新征程，需要构建高质量思政工作体系、人才培养体系、学科建设体系、师资管理体系等，为全面建设社会主义现代化国家、全面推进中华民族伟大复兴贡献高等教育力量。从可持续发展的角度来看，要想解决我国传媒人才培养的问题，需要科学地规划和设计，制定人才培养战略，针对传媒产业的具体特点和行业需求来培育人才，开创“人人皆可成才、人人尽展其才”的生动局面，为社会主义文化强国建设提供最有力的支持。

一、推进本土化传媒领军人才培养

高等教育承担着造就社会精英人才的重要使命，传媒院校则承担着培育传媒人才的社会重任。20 世纪 90 年代，美国著名管理学家理查德・科克提出“一个组织的生产效率和未来发展，往往取决于少数关键性的人物；他们也许只占世界总人口的百分之一，但足以对世界产生百分之九十九的冲击”的观点，他认为真正的“少数关键性”人物之所以关键，即在于他们具备关键的特性，是充满智慧、勇于创新、乐于奉献的核心人物和团队灵魂。

古人云：“千军易得，一将难求。”[①] 传媒教育应有意识地培养使学生树立“立德”“立业”“立人”的品质，使学生成为未来传媒产业的精英式领军人物。“立德”就是教育学生形成诚实守信、积极向上，团结合作等良好的道德修养；传媒人才“立德”集中表现在职业道德、社会责任感和大局观念上。唯有具

① 张祥斌 . 古文名句分类解析 [M]. 长沙：岳麓书社，2014：15.

备高尚的职业道德、强烈的社会责任感，高屋建瓴的大局观，才有可能成长为传媒领军人才。“立业”就是培养学生良好的学习能力和勤奋的学习品质。传媒人才的专业知识和业务技能直接影响到未来的从业水平和行业发展水平的高低。“立人”就是培育做人的品格，“人之有格”是文化哺育的结果。传媒领军人才的特质决定了在人才培育过程中必须注重培养创新思维、创业意识、领导才能和精英观念。

“大学乃大师之学，无大师则无大学”，高校能否真正培养出具有传媒领军人才潜质的精英学生，很大程度上取决于是否有更多治学精神和人文情怀兼备的教师。教师的精神底蕴和气质对学生的专业素质、人格修养以及思想境界的培育有着潜移默化、不可或缺的影响。国内的老牌传媒院校的学生经常可以耳濡目染优秀教师的风采，可以接受深厚的人文积淀的洗礼，可以身临其境地感受浓郁的学术氛围，新建传媒院校在短期内难以拥有丰富的资源，因而应从小处着眼，加强对学生人文素养的教育和职业素养的塑造，尤其是在专业理念等方面进行潜移默化的影响。

同时，大学的校园文化也为传媒人才的成长提供无声的教益。大力弘扬进取文化、冒险文化、创意文化、竞争文化，鼓励和支持学生创业，以宽松自由的文化氛围发展学生领军特质；全面指导学生进行职业发展规划，学生的职业规划完成得越早，对文化传媒行业越有激情，就越有可能成长为传媒领军人才。这些校园文化的启迪和熏陶，都能加深学生对知识、技能和能力的体验，未来成才带来巨大潜力。

二、创新科学化传媒人才培养模式

求木之长，必固其本；欲流之远，必浚其源。作为教书育人和科研创新的核心机构，高等院校拥有优质的技术基础、知识储备和人力资源，在人才培养上具有得天独厚的优势。传媒院校应当担负起国家全面振兴文化产业所赋予的历史使命，努力探索和把握社会发展的脉搏，紧跟时代前进的步伐，成为中国文化产业发展的强大推进器和人才培养的最佳孵化器。

（一）树立先进的人才培养理念

人才培养理念是传媒教育的先导和灵魂，它直接影响着高校传媒人才培养的方向和效果；树立先进的人才培养理念是实现人才培养模式创新的前提。

首先，以人为本是教育的本质，是现代教育改革和发展的理念和价值所在。树立以人为本理念，即以学生为本、尊重学生的主体地位，把学生的个性发展、素质提高看作教育工作的出发点和归宿。传媒人才不是单纯靠教师教，而是在教师引导下进行知识的修习研读和能力的自我完善的过程。高校传媒教育要由以“教”为中心向以“教”为主导、以“学”为中心转换，鼓励教师采用启发式教学、讨论式教学、参与式教学等方法，调动学生的积极性、主动性以及自主性；由标准化生产转向个性化教育，充分重视学生的个性发展和能力的培养，尊重学生的个人选择——这种尊重不能仅停留在表面意义、实行简单的人文关怀，而应对学生施以理性关注、价值观引领和精神锻造，最终达到学校培养目标和个体价值追求的理性结合。

其次，随着现代传媒技术的发展，从传媒教育到传媒实践，成为一个愈来愈开放的大系统，形成媒体融合观念势在必行。传媒教育的视野需要拓展，将传媒人才培养放到全球化背景和传媒业大发展、大繁荣的形势中进行定位，全面推进传媒人才培育理念的改革和创新，追求在文化精神、产业理念、现代技术相融合的最佳状态中培养出优秀人才。传媒教育观不能仅仅停留在文化的事业层面，而要深入文化的产业层面；不能只重视新闻传播等传统学科，还要认真对待文化产业这样的新兴学科；不能只着眼于精英文化，还应对影响巨大的大众文化加以关注研究；不能只着眼于数字技术带来的新变化，更要深入思考技术进步带来的文化变革和社会变革。要把传媒教育当作宏观社会改革中的一种手段，让学生走出课本、走出教室、走出校园，接受综合、全面、多元的熏陶，实现传媒教育与现代产业理念乃至现代社会科学领域的互动。

最后，全面素质教育观要求专业教育与人文教育相结合。专业知识是立世之基，人文素养是为人之本，专业教育启迪灵性，人文教育既启迪灵性更启迪人性。专业教育与人文教育的交融，是培养做人与做事、人性与灵性的基础，有利于全面提高人才的素质。传媒高校在传授学生传媒学科知识的同时，还应加强文艺领域、史学领域、社会分析与道德领域、科学领域和外国文化领域的综合素质训练，扩展学生的文化知识范围，发展学生系统思考的能力，使其能够用历史的观点、科学的眼光观察人类、社会和世界。坚持专业教育和人文教育的结合，有利于学生在专业精神与人文素养整合的氛围中孕育和创造灵感；有利于培养具有扎实专业技能、广博的人文社科基础知识，以及创新开拓意识的优秀传媒人才。

（二）改革和创新传媒人才培养模式

如果说高校传媒教育改革要想富有成效，观念转型、理念创新是前提的话，那么培养模式是否合理则直接决定了传媒人才培养的质量。创新传媒人才培养模式，是当前传媒教育正在努力探索和亟待突破的关键环节。

高校要建立传媒人才培养模式创新的研究机构，搭建开放式的研究平台，为传媒人才培养模式改革提供强有力的理论基础。高校要集中校内的精英研究力量，或通过重大课题招标的形式，组建传媒人才培养模式改革的研究团队；同时创造条件，鼓励区域内设置相关专业的院校或者具有行业背景的同类院校开展协作研究。研究团队要密切追踪所在区域、国内乃至国际文化传媒业的最新发展趋势，积极吸收和借鉴国外知名院校开展传媒教育的相关经验，总结国内相关院校自发性传媒教育改革开展的成效，立足于自身办学特色与办学基础，提出传媒人才培养模式改革的目标、路径等，为人才培养模式的改革提供强有力的理论基础。以山西传媒学院发展为例，在2021年“十四五”规划伊始就率先在山西高校新区整合资源，与太原理工大学、山西师范大学、太原师范学院、晋中学院等周边高校开展项目协作，构建“榆次大学城”融合媒体平台实践平台，并结合相关专业开展协同研究，高校、资源、师生之间均形成了资源优化，构建区域性媒介融合体系初见成效。在这个过程中，尤其要强调建设开放性的研究平台，在人才培养方案的设计中充分吸收党委政府宣传舆论主管部门、教育主管部门、传媒企业等用人单位、行业组织等部门的意见与建议，进一步增强方案设计的科学性。注重传媒及文化产业发展大趋势、大环境与区域经济文化发展实际的紧密结合，凸显方案的“水土附着性”，结合学校的整体办学定位与发展目标，尝试建立分阶段的、梯级发展的人才培养模式改革路线图，使之更能适应实际需求。

此外，要科学制定传媒人才培养模式改革的方案，综合协调教材建设、课程体系建设、教学方式改革、评估体系创新，稳步推进传媒人才培养模式的改革。一是教材建设要与时俱进。为适应新媒体技术和媒介融合发展，及时更新覆盖各种媒介形式、知识结构合理、难易程度适中的相关教材，帮助学生建立跨媒体的知识结构与专业技能。同时充分利用高度发达的数字技术，编写相应的电子教材，并利用电子教材信息量大、形象直观、交流性好、易于更新的优势，推动传媒学科专业教材建设的创新。二是搭建完整的课程体系。课程体系的调整必须符合传媒人才专业培养和职业道德教育有机结合的需要，符合文化传媒产业全面振兴发展的需求。立足“基础＋核心＋特色”的课程体系——基础课程旨在培养学生广博深厚的社会科学知识，提升文化底蕴；核心课程主要传授基本的专业理论和技能，塑造传媒专业传媒精神；特色课程则通过与所在学校的优势学科相结合，实现“夯实专业技能，拓宽知识领域，体现交叉特色”的整体目标。三是在教学手段上强调多样化。充分利用现代化、信息化、网络化的教学手段，大力推行案例教学、实验教学、项目教学、模拟经营管理和营销、小组讨论等教学方法。同时注重专业教学的开放性，增加实践教学的比重，注重在实践中培养与提升学生的知识水平与实践能力。

总之，要在遵循学科发展规律和人才培养规律的基础上，制定科学合理的人才培养方案，稳步推进传媒人才培养模式改革，使改革的力度、推进的幅度与传媒院校原有的办学基础、区域传媒发展水平相适应。

（三）完善传媒人才培养的保障机制

良好的保障机制在促进传媒人才培育中不仅可以提供重要的实践平台和物质基础，而且有利于充分调动各方资源参与到人才建设中来，为传媒产业的持续发展创造稳固条件。

首先，要加强预算及经费保障。传媒学科和理工科一样，需要有大量资金投入，才能建立起与专业训练相关的一系列实验基地，资金投入是传媒业竞争带给传媒教育的一道门槛，直接关系着人才培养的效果。一方面，各高校应给予传媒学科更多的资金投入，以更新现有落后的实验与教学设施；另一方面，传媒院校自身也要增加筹措资金通道，集纳社会力量，多途径实现开源，获取社会资金支持，为传媒学科的可持续发展提供保障、增强后劲支持。其次，要加强师资力量保障。高校传媒教育亟待加强师资力量保障，师资队伍结构应以学术型教师与实务型教师为主体，尤其是要注重具有实践经历的“双师型”队伍的引进与储备，偏向任何一方的师资队伍都会影响传媒教育的良性发展。两种不同类型的师资要采取不同的评价方式和指标体系，使之在高校生态环境中能和谐共生、共同发展，共同服务于文化传媒人才的培养。最后，要加强实践基地保障。加强实践技能的培养是传媒专业教育的重中之重，必须大力加强实践基地的建设保障，将传媒教育主动置身于社会化的趋势之中，多渠道、全方位地拓展实践资源，如与各类媒体建立可持续发展的紧密型合作关系，为学生到媒体专业实践提供广阔平台；与企业合作建立传媒产业研究和实习基地，鼓励学生积极参与具体的传媒产业项目运作；与政府积极探索共建机制，为文化传媒产业的发展提前储备人才。

更为重要的是，真正落实人才培养模式的改革创新，就需要不断推进建设科学的传媒教学评估体系。评估不能简单地以文科、理科或者综合型大学的共性标准代替，要充分尊重和遵循传媒学科自身的发展规律，把握传媒学科特点，改革考试制度和评分标准，实行考试方法多样化、评价标准多元化，如允许学生以跨媒体实践经历、实践作品等作为课业成绩，不拘泥于课业成绩的考察等。因此，基于传媒类院校的办学特点和行业需求科学制订传媒类高校的教育质量评价体系具有现实意义。

十年树木，百年树人。传媒人才的培养是一个长期的、系统的、逐渐深入的过程，必须结合时代发展、适应行业需求规划和制定人才培养战略，有计划、有目的、多途径、分层次地培养和造就传媒行业所需人才，为我国传媒业的可持续发展积蓄人才资源。传媒人才要立足国情，放眼全球，创新理念，准确把握世界传媒产业发展趋势和市场需求，以国际眼光、国际理念、国际标准全面培育和打造传媒人才队伍，真正将人力资源优势转变为人才资本优势，为实现我国传媒行业持续快速发展，推进社会主义文化强国战略、实现中华民族伟大复兴提供坚实、强大的智力储备。

第四章　CIPP 模型及其应用分析

模型是决策中对问题求解的一种重要思维方法，是沟通实践与理论之间的桥梁。CIPP 模型作为高校发展规划决策过程中应用较为普遍的模型之一，其包含规划目标的确立——Context 模型、规划条件的预设——Input 模型、规划执行的考评——Process 模型和规划结果的输出——Product 模型四个部分。Context 模型主要是为确定规划发展目标，通过对高校发展背景进行分析，确定发展规划的战略目标和规划重点；Input 模型主要是根据高校发展规划的目标以及各类指标的权重结合实际判断标准，并对不同发展方案的可行性、合理性进行判断，以确定合理可行的大学发展规划方案；Process 模型是对高校发展规划方案的控制、执行、监督与信息反馈进行考评，及时发现并反映方案实施过程中存在的问题并对方案进行调整；Product 模型则是对高校发展规划方案的达成度进行总结并对大学发展规划方案的满意度进行结果评价，最后对方案的执行结果进行解释、对执行结果与预定目标的一致程度进行判断和总结。

第一节 CIPP 模型概述及指导意义

模型，英文 Model，有典范、样式之意，原指以某人或某物为样本复制一个比原型小若干倍的复制品。《说文解字》：“模，法也。”在中国古代，人们常以材料的不同而区分不同的“模”，在现代汉语中，模指规范、标准，型指形状，二者合并常用于表示依照实物的形状和结构按比例制成的物品，多用于展览或实验，也指用数学公式或图形等显示事物的抽象结构或系统。综合模型的语义概括，从可操作性的方面看，模型是主观意识借助实体或者虚拟表现对客观事物或事态的描述，是一种问题解决的思维方法，是介于实践与理论之间的中介方法。模型有不同的表现形式，通常分为形象模型、实物模型和数学模型，形象模型是对思想观念的形象显示，实物模型是对客观实物的相似模拟，数学模型则是对真实世界的抽象描写。模型是一种问题解决的思维方法，当明确了需要解决的问题后，人们往往运用直觉思维，猜测或搜索出一些假设、法则、原理、方案去尝试解决问题，可以概括为建构一个解决问题的模型。一旦建立了这样一个尝试性模型，人们又往往运用逻辑思维去求解这个模型，进而运用到具体实践中，去证实、修改和检验这种模型，不断地循环往复。

决策模型是指综合利用多学科知识作出决定的描述，是解决决策问题的思维方法，是寻求决策结果与决策变量之间关系的一种表达形式，也是作出决定的一种结构或系统显示。大学发展规划决策模型就是利用教育学、管理学、系统科学和决策科学等学科中的工具与方法对大学发展规划制定、实施、反馈、评估的全过程作出描述，是解决学校发展中存在的问题、推进学校发展的决策思维方法，是寻求发展规划决策结果与规划决策变量之间关系的一种表达形式，主要包括发展问题的诊断、发展目标的确立、选择最优的实施方案、执行实施方案并判断最终结果。

大学评价是学校评价，是指一定时期内，由管理者、中介组织或个人使用既定的评价方法和衡量技术进行考核的过程，如大学本科教学质量评价（估）、学科专业评价（估）、高校资源绩效评价（估）、大学排名评价（报告）等，都是基于不同评估对象而进行的大学评价。CIPP 模式是目前世界公认的一种对高校教育开展评价评估活动常用的评价模式，综合大学评价研究主要集中在学校评价理论和 CIPP 评价模式基础之上。

学校评价是教育评价的重要组成部分，指运用教育评价的理论和方法，根据教育方针的要求，对学校全部工作成绩和管理效能进行的评定估量。西方教育评价的产生和发展大致经历了教育测验运动及评价理论产生和发展两大时期，其中教育测验运动时期可划分为萌芽、开拓、兴盛三个阶段，评价理论的产生和发展时期经历了测量时代、描述时代、判断时代、建构时代四大阶段，如今，由强调鉴定性、奖惩性的评价转变为以促进学校发展为目的的发展性评价。兼顾以加强学校绩效为目的的鉴定式评价和以促进学校发展为目的的发展性评价的优势的评价是学校评价的大势所趋。美国当代著名教育评价专家亦是 CIPP 模型的创始人斯塔弗尔比姆等人不仅是 CIPP 模型的创始人，同时也是美国当代著名教育评价专家。他们将教育评价的发展划分为七个时期：变革时期（1792—1900）、效率与测验时期（1901—1930）、泰勒时期（1931—1945）、萌芽时期（1946—1957）、发展时期（1958—1972）、专业化时期（1973—1983）、扩展与整合时期（1984—2001）对高等学校进行评估评价活动。

CIPP 模型是 1966 年美国学者斯塔弗尔比姆在俄亥俄州立大学教育评价中心经数年研究提出的，在当时美国教育改革运动中对目标评价模式的批判基础上形成的。斯塔弗尔比姆把评价过程分成四个组成部分，即背景评价（Context）、输入评价（Input）、过程评价（Process）和成果评价（Product），这四个步骤的英文缩写即为 CIPP。背景评价是对方案目标的合理性进行评价和判断，即对目标本身的诊断性评价，为计划决策服务；输入评价是在背景评价确定了方案的目标之后，对各种备选方案的相对优点加以识别和评定的活动，实质上是对方案的可行性、效用性的评价，为组织决策服务；过程评价是对方案实施情况的监督和检查，目的在于调整和改进实施过程，即方案实施过程中的形成性评价，为实施决策服务；成果评价是测量、判断、解释方案的成就，也即是终结性评价，为再循环决策服务。CIPP 评价模式是一种以决策为导向的评价模式，重视评价的改进功能，并能够合理地把诊断性评价、形成性评价、终结性评价完整地结合起来。

背景评价是 CIPP 模型进行评价的第一步，也是最基本的评价，指评价形成方案的社会背景、环境条件，即评价为什么提出这些目标，其依据及基础在何处。目标的选择有取与舍的问题，背景评价要为这种选择提供信息作为取舍的依据，首先，要明确现实背景，了解受益方的需要；其次要弄清受益方在满足需求方面存在的问题，确定现有资源的种类和数量是否足够，方案执行的时机是否成熟；最后要确定评价目标，并判断目标与受益者需求的关联程度，是否充分地反映了受益者的所需，还要保证目标具有实际的可行性，它涉及的问题是提出需要、发现问题并予以解决。

输入评价是在确定了目标以后，对所需的环境条件、资源以及所有可能的备选方案的评价，其目的就是在现有的条件下选出能够实现目标的最优方案。首先应在条件和环境允许的情况下，制定几种可以达到目标的计划或者方案，其次判断这些方案在实施过程中的合理性、现实可行性、潜在的成功概率，最后根据对各个指标的衡量，选出性价比最高、最能满足需要的方案并准备执行。输入评价涉及的问题主要有达到目标的可能性、各种方案潜在的成本、各种人员的利用以及对外界资源的需要等，其目的是避免草率、盲目的方案执行带来不必要的损失与资源浪费。

过程评价是对方案的执行情况进行实时的监督与控制，及时发现问题并反馈给相关的制定、执行或者管理人员，便于对方案进行修正与改进并促进计划的正常进行。进行过程评价对方案实施的真实过程进行描述，考量方案的进度如何，是否按原计划实施，时刻关注着方案的实施过程，方案的执行程度如何，是否有效利用了可用资源，外界的环境是否发生变化，是否需要优化方案并进行决策，记录和评价方案进行中的活动，包括突发事件、管理者的反应、方案的改进、预算的变动、各方参与人员对方案的评价等，为以后的工作积累经验教训。

输出评价是CIPP模型的最后一步，是对一个方案的执行结果的测量、解释与判断，包括执行方案后得到的结果分析，此结果与预定目标的一致程度，是否满足了受益人的需要，目标的决策者、方案的制定者、管理人员等相关人员对整个过程和结果的满意程度，对所有的活动进行总结，以及为后续的评价活动提供有价值的指导，使评价具有可持续发展性。

区别于结果评价，用目标达到的程度来判别效果，如泰勒模型以目标为中心来指导教育活动，所有的评价行为都是为了检验预定标准教育目标的实现程度，而对目标本身的合理性与可行性并没有验证。CIPP则是一种全程评价，既关心过程又关注结果，不是简单地关注某个目标是否达成，而是在更宏观的层次上对整个教育全程活动进行评价，其首要工作就是对所设定的目标进行科学性的检验，提取有用的信息，用心指导方案的实施和调整修改。CIPP模型进行评价的根本目的是为决策提供信息，为决策服务，该模式每一阶段都同方案形成和实施中、实施后的不同决策相联系。背景评价为问题界定、组织定位、目标设立提供决策支持，指向确定方案目标的决定（又称规划性决定）；输入评价为预期方法的决策提供信息服务，指向修改方案或比较方案优劣的决定（又称结构性决定）；过程评价为补救方法的决策提供信息服务，指向判断方案最终实施结果的决定（又称服务性决定）；结果评价为评价全过程提供整体的评价结论，指向总结方案并提供修正服务（又称决策性决定）。CIPP模型在证明的基础上更注重对出现结果的原因分析，把相关的信息反馈给教育决策管理者，从而对教育过程、教育方案进行改进和修正，以更好地达到预期目标，促进教育整体的不断进步。使用CIPP模型最重要的目的不在于为评价对象的优劣提供证明，而在于改良评价对象，使评价对象更富成效。为了服务决策，促进发展，这一模型帮助决策者系统地获得和使用反馈信息，以满足组织或个人的需要。

大学发展规划是一个过程，包括规划的编制、规划文本的形成、规划的实施与监控、规划的结果与评估等，这些过程中间包含有学校目标的确立、方案的选择、方案实施、实施的效果。CIPP模型作为一种动态管理的方式，不只关注目标，还关注目标是如何确定的，以及目标本身的合理性，不只关注目标的达成度，还关注目标是如何达成的，是一个过程性评价与结果性评价相结合的评价模式，二者之间存在着高度契合，有着对应关系。规划目标的确立包括对规划制定内外环境的分析、对学校现状及问题的诊断、发展机遇与挑战的把握、学校发展的定位等，这与CIPP模型中的背景评价相契合；规划方案的选择既包括对规划目标实现而设计的重点任务、对策措施，也包括相关人财物资源的配置保障，也就是说实现既定目标面临有多种路径选择，这与CIPP模型中的输入评价相契合；规划的实施包括规划实施情况的监督与控制，考察规划的具体执行情况，发现并反馈实施过程中的问题，并加以分析解决，从而保证阶段目标任务实现，这与CIPP模型中的过程评价相契合；规划实施后的效果评价判断既包括对结果进行分析，判断目标是否达成，也考察利益相关者对规划实施后的满意情况，并总结经验教训，为新一轮规划提供改进意见，这与CIPP模型中的输出评价相契合。大学发展规划在制订、实施和结果评价中面临着不同的决策，CIPP模型运用于大学发展规划决策评价具有适用性和可行性，能对大学发展规划的每一个步骤分析决策起到咨询、建议作用，能对提高发展规划的决策有效性起到指导和促进作用。

在CIPP模型的组织规划下，评估先通过高校组织界定了规划及其决策的空间和场域，同时对大学发展规划及决策提供相关要求。规划与决策互联互补，辩证统一，决策为规划提供重要内容，规划使决策具体化，决策的科学性、可行性、执行性和有效性需要通过发展规划的实现来验证，二者统一于大学组织的职能履行和发展中。CIPP模型的另一优势在于其四个评价步骤与大学发展规划高度契合，特别是契合我国先行的高等教育评价体系，将过程性评价与结果性评价相结合，CIPP模型中的背景评价、输入评价、过程评价、成果评价与高等教育评价体系中规划背景、规划输入、规划实施、规划输出四个步骤一一对应，CIPP模型的应用对大学发展规划决策提供支持，为大学发展规划决策提供理论分析框架，可用于提升大学发展规划决策系统性、科学性和发展性，是提供大学发展规划决策模型构建依据。

CIPP评价模型从学科层面上讲是以教育学的视角来研究高校发展规划决策问题，从方法论层面上讲，它是一种评价方法，是一种基于为决策及决策者提供信息，为决策服务的评价方法，这为大学发展规划决策研究视角提供了更为多样的可能。在本书研究中，根据CIPP评价模式的背景评价、输入评价、过程评价、成果评价方法，结合大学发展规划的维度建构和决策理论相关要求，将大学发展规划决策也分为背景评价中的目标性决策、输入评价中的方案性决策、过程评价中的执行性决策和结果评价中的考核性决策，并对四类决策建立相应的决策评价标准和相关细则。根据这些决策评价标准和细则构建适应我国高等院校发展特性，特别是传媒类院校的决策模型，解释传媒类高校发展规划决策的综合理论分析框架，在此基础上，通过实证来验证综合理论分析框架，为大学发展规划决策提供理论和方法上的借鉴。

合理地利用CIPP模型指导高校评价活动，有助于提高大学发展规划决策的系统性。采用CIPP模型对大学发展规划全过程进行评价，是将大学发展规划视作一个整体，既注重对发展规划目标确立的决策评价，也注重对实现目标相关方案的选择评价；既有对发展规划实施过程的评价和决策，也有对规划实施结果的评价；既对规划制定的背景进行分析评价，也注重在发展变化的过程中进行即时评价，将诊断性评价、形成性评价和终结性评价有效结合起来，对整个发展规划全过程进行动态的评价。这种评价促进信息反馈和方案修正，突破了以往规划决策评价的片面性和封闭性，使大学发展规划整个过程构成一个可循环的评价体系，具有系统性。合理地利用CIPP模型指导高效评价活动有助于提高大学发展规划决策的科学性。教育评价不仅是学校管理过程的基本环节，同时也是提高学校管理水平的重要手段，采用CIPP模型参与大学发展规划决策，既是把CIPP模型视作学校管理过程的基本环节，也是学校发展规划决策的必要基础。它将大学发展规划决策划分为目标确立、方案选择、实施监测、结果分析四个阶段，决策者可以根据各个阶段决策目的的不同，抓住每个评价阶段的主要特点，拟定相应的决策标准，有侧重地对大学发展规划的四个阶段进行有效的评价和决策，提出有针对性的改进意见，从而提高决策的科学性。合理地利用CIPP模型高效指导评价活动有助于实现大学发展规划决策的发展性。在规划决策中，核心目的是解决问题、落实举措、实现目标、推进发展。CIPP模型的基本取向是为了改进决策规划，在大学发展规划的各个阶段性决策评价中，决策者可以及时全面地获取反馈信息，发现并解决存在的问题，对发展目标、实施方案、实施过程进行修正和改进，以更好地达到预期目标。同时，通过 CIPP 模型帮助决策者们系统地获得和使用反馈信息，为新一轮规划提供经验和教训，促进学校不断进步和提高，真正实现规划决策的可持续发展性。

第二节　CIPP 模型中外应用案例述评

CIPP 模型在国外高校的评估活动中已经较为普遍，在各类外文学术资源库中可以查阅到大量关于 CIPP 理论研究的文章及应用案例。有学者认为 CIPP 模型是一种适合高等教育机构的宏观评估模型，同时他们提出 CIPP 模型存在没有充分解决指标和评价基准的问题。还有学者指出，CIPP 模型经常用于许多领域的教育项目或计划，以实现问责制的改进，被确定为最终类型，整个 CIPP 模型适用于正在进行认证的大学。科尔维尔指出，CIPP 模型是所有高等教育评估者都应该熟悉的模型之一。尽管存在时间、方法和独立元评估的限制，CIPP 模型仍是最适合推动评估活动的模型。

在实施方面，CIPP 模型已广泛应用于各种研究中，并且在教育环境中效果显著。莱维指出 CIPP 是具有普遍适用性的模型，是对遇到和观察到的不同经验情况的推测性总结，这些实际情况应该是模型可能适用的所有条件的代表性样本。一个好的模型是对各种事件进行归纳总结的产物，给定模型的经验基础越广泛，该模型作为演绎处理即将发生的事件的工具的可能性就越高。瓦登利用 CIPP 进行的研究试图创建卡博特应用艺术学院的年度项目监控模型，通过问卷调查、访谈和文件分析收集数据，制定一套项目监测指标。研究结果表明，CIPP 的背景评估是创建年度项目监控程序的一个很好的起点，同时提出了监测过程的数据收集和分析的替代方法。有学者完成了专业院校专业建设 CIPP 评价模型的实践研究，利亚乌利用 CIPP 模型从教师的认知角度评估了马来西亚初中的 KBSM 音乐课程。还有研究团队使用 CIPP 的评估方法对巴基斯坦一所公立大学的教师评估系统进行了总结性评估。为了评估菲律宾达沃国际学校的教师入职计划是否对学校有利，卡斯特罗采用了CIPP评估技术，从定性的角度为新手教师检查该计划存在的问题。克恩利用CIPP模型构建了东南部农村小学品格教育项目的评估标准。斯隆使用CIPP方法来评估林戈尔德第一浸信会教堂的教堂音乐，深入探讨了当地教会目前的礼拜计划以及如何选择礼拜音乐等问题。巴亨海默和道森使用CIPP模型来评估新泽西州北部学区的数字书包项目，该评估采用混合方法来提出并回答有关该项目的职业成长、时代融合和儿童参与的关键问题，参与该评估的六位教师表达了对其发展的典型态度和看法，课堂观察证实将参与的教师以不同的方式纳入课堂。有学者使用CIPP模型对东南亚一所学院应用英语系的20个英语培训课程进行了评估，通过问卷、访谈和对现有文件的研究，从在校学生、教学主任、讲师、校友和校友雇主那里收集信息，这一评价过程包含目标系统的所有部分和特征，这为其提供了一个更为科学的评估设计，生成相关结论性材料可以供后续研究采用，各项研究都证明CIPP模型是一项出色的计划增强活动，旨在发展而不是关闭现有计划。

唐克利用CIPP从教师和学生的角度评估了安卡拉大学预科学校课程的教学效果，该研究由这一预科学校2008—2009学年的406名学生和12名项目教师组成，并使用调查问卷来收集数据，使用内容分析来调查定性数据。研究人员使用多变量方差分析和Pillai迹线检验来观察因变量和自变量之间的显著差异，分析发现，安卡拉大学预科学校的课程仅有一部分达到了其目标，有数据表明需要通过改善物质条件、内容、资源和评估方面，才能使该教学过程更加有效。汉切尔运用CIPP模型评估了基督教高等教育机构的本科课程。项目评估结果显示该机构学士学位项目运行顺利。然而根据评估结果，评估人员向该机构提供了可以参考的建议，包括增加必要的前置课程以及要求机构在网站上展示其整个教学过程等，这项研究还建议对所有即将毕业的高年级学生进行教师创建的强制性圣经知识测试，并组建领导团队对此建议进行评估。有学者使用CIPP模型评估了北卡罗来纳州夏洛特西门子能源公司的学徒计划，评估结果表明学徒计划有效地实现了其预定目标，研究人员根据评估结论提出了包括为学徒提供额外帮助、确保学徒完全了解课程的需求和对其副学士学位的期望、并制订具有目的和愿景的战略计划的建议。巴伯则对创建以学习为中心的数学教学活动提供解决方案模型，通过继续实施高收益策略、开发和实施可靠的监控工具来跟踪高收益策略、寻找最佳的数学教学计划以及更加重视教学法以帮助学校及教师作出未来的决策。

有学者也同样指出了CIPP模型的缺点，首先指出其弱化了价值判断意识，由于CIPP模型的整个评价过程中侧重描述性信息，而对包括计划的选择和预案制定等所有活动缺乏价值判断意识，因此有学者提出CIPP模式的评价不能称其为真正的评价活动，同时提出这种评价或许会为决策者提供政治上的便利。在CIPP模型中，评价人员的职责是依照相关的决策领域，收集、分析并为决策者汇报相关的概括性资料，而决策者和管理者则难免受到政治因素的干扰，因此评价者会为决策者在政治上的便利提供一些虚假的伪证。此外，CIPP模型还存在适用范围有限的局限性，根据前文对CIPP模型的分析，此模型一般适用于较为大型的评估活动及方案的制订，项目运转需要各种条件的支持，要有信息来源与渠道、经费和技术充分支持，才可能以制度化的形式连续性开展评价。教育活动的复杂性决定了其随意性和不确定性，可能会出现不可预测的因素限制了CIPP模型的应用范围。

在中国知网（CNKI）中以CIPP、CIPP模型、CIPP评价模型为关键词进行检索文献分别获得103条、42条和27条文献记录，这些文献以CIPP理论的分析性文献和以CIPP评价模型的实证案例及运用分析为主。华南师范大学教授胡中锋在《教育评价学》中提到了CIPP模式是现在教育评价的主要模式，并对CIPP模型的重要作用和存在的局限性进行了阐述。华东师范大学李雁冰在《课程评价论》中介绍了CIPP模式的产生背景、基本内容以及CIPP模型的优劣分析。华中师范大学赵玮（2006）指出CIPP评价模型具有“以决策为导向的评价模式、重视评价的改进功能、把诊断性评价、形成性评价、终结性评价完整地结合起来”等特点，并从CIPP模式简述、特点、简要评析和现实启示四个方面分析CIPP评价模式的进步性体现在“批判地继承了泰勒模式；突出了评价的发展性功能；整合了诊断性评价、形成性评价和终结性评价”，而其局限性主要有“评价缺乏价值判断。在该模式下评价者主要是为决策者收集信息来供决策人决策，从而忽视了决策人之外的一切需要和价值取向，降低了评价的意义和有效性。同时 CIPP 模式实施灵活的特点导致其缺乏严密的评价程序 CIPP 模式的评价步骤、内容较为复杂，需要专业人士参与，且需要有各类信息源的配合，充裕的经费及科学的分析技术，同时还要建立在教育决策合理、民主、公开的基础之上，因此局限了使用范围。”相关研究对 CIPP 模型的内容或特点进行了简要阐述。

在教育评价应用方面，主要有哈尔滨工程大学王盈（2009）等基于 CIPP 应用于高校文化素质教育课程评价的模式和流程研究，韶关学院张其志（2004）以 CIPP 模型运用于研究性学习课程评价中预期结果的决策、预期方法的决策、实际方法的决策、实际结果的评价四个方面的具体做法，常州工程职业技术学院高玉萍（2012）将 CIPP 模型应用在项目化课程的教学实施与教学管理中，全面展开背景评价、输入评价、过程评价、成果评价，能为课程的顺利实施和改进提供坚强的保证，有效提高项目化课程的质量，南京农业大学孔繁霞（2012）以 CIPP 评价模式为基础原则，通过对工科专业学术英语 EAP 课程的开发建设，就 EAP 课程的可开发性过程进行评价等。对于 CIPP 模型的各个评价环节，尤其是对于新提出的可持续性、可推广性等概念的含义有待进一步地深入研究。

课堂教学评价应用方面，主要有基于 CIPP 模式探索了酒店管理专业实训课程教学评价的研究（吴晶，2015），提出通过评价实训课教学目标、方案和教学过程、结果等可以帮助授课教师及时发现教学问题，提高教学质量。河北师范大学的史晓燕（2003）将 CIPP 模式中的四个环节应用到发展性课堂教学评价中，提出将 CIPP 模型运用于发展性课堂教学评价的评价课堂教学目标的制定、评价课堂教学方案设计、评价课堂教学过程、评价课堂教学成果等四部分的实际操作，谭利净（2010）则提出有效采用 CIPP 评价模式进行课堂教学评价，应坚持以新课程理念中的多元评价观为指导开展课堂教学评价，包括选择多元的评价主体，确立多元的评价内容，采用综合的评价方法；应科学组织评价过程，处理好四个评价阶段之间的关系。CIPP 模式在其他方面的运用研究还包括在基于 CIPP 模式的高职专业教学质量评价指标体系构建中对 CIPP 模型的发展性、改进性和针对性的研究（胡晓辉，2015），长沙学院杨芳（2011）在工商管理类专业实践教学评价原则的基础上，引入 CIPP 评价模式，提出工商管理类专业实验教学、实习教学与毕业论文教学等实践环节的评价体系，南京师范大学张丹萍（2011）提出基于 CIPP 评价模型不仅可以系统地解释通用技术实践教学活动的方案，增强了实践教学的可操作性，还可为通用技术实践教学的评价提供强有力的理论依据，有利于增强通用技术实践教学评价的科学性。

职业院校专业建设评价重要性正逐步得到教育行政部门和职业院校的高度重视，从职业院校 CIPP 评价模型的研究来看，对某一具体专业的评价理论和实践研究正在不断兴起，如《基于 CIPP 模型对职业院校人才培养质量评价体系展开研究》（许丽芳，2015）、《在 CIPP 模式下研究高校课程评价体系》（赵洪梅，2014）、《应用 CIPP 模型对护理实践技能操作成绩进行评价》（王丽、马玉萍，2012），提出了优化专业课程设置的策略，解决专业课程设置中存在的问题，提出要建立“双师型”教师培养机制，强调对教材的选用要与时俱进，同时要建立更为标准课程评价指标体系。中国石油规划设计总院李军等（2010）结合计算机网络工程课程教学改革的实践，着重论述了 CIPP 课程评价体系对当前基于工作过程的课程改革的指导意义和具体的实施办法，同时展望了课程评价体系的未来。

从文献检索、收集整理分析和文献综述的综合情况来看，当前我国关于专业建设的文献较国外类似研究较少，主要集中于 2000 年之后，在 2006 年以后相关文献呈几何倍数增长。目前，关于 CIPP 评价模式的研究主要侧重理论介绍和各学科或领域的实际需要，还缺乏本土化的实践性研究。

第三节 应用 CIPP 模型对我国传媒类院校教育评价研究的现实意义

对传媒类高校进行教育评估策略的改革，需要从区域层面和学校层面思考发展的需要。区域层面的专业建设是教育行政管理部门根据区域功能区定位、产业结构、经济增长方式和科技进步的特点，紧密结合重点产业、战略性新兴产业和特色产业的发展需要，建立区域内布局合理、结构优化、特色鲜明、品牌纷呈的特色教育专业体系，逐步形成学校之间定位准确、错位竞争、优势互补、各有所长、有序发展的专业建设良好格局，具体说来包括优化布局、调整结构、促进改革、打造品牌、完善机制等五个方面的内容。学校层面的专业建设是指专业院校坚持以服务为宗旨，以就业为导向，结合自身优势，科学精准定位，紧贴行业与企业需求设置专业，并主动创新、积极改革，以人才培养模式创新为切入点，以课程体系构建与教学内容改革为抓手，以“双师型”师资队伍建设、实训基地建设为支撑，促进专业自身内部各要素的良好沟通和运转。

应用 CIPP 模型（决策导向型评价模型）对传媒类院校进行评估指标的重构，是专业建设的诉求。从传媒类专业建设来看，第一，专业院校要明确专业设置目标。传媒类院校进行专业建设首先要解决人才培养是否贴近产业发展、符合行业及区域经济社会发展对人才的需求，因此必须通过市场调研进行系统梳理，对区域内产业结构和经济增长方式有着充分了解，定期调查分析行业对专业人才需求的变化及毕业生就业质量和去向特性，不断调整和改造传统专业，形成专业集群。第二，专业院校要重视人才培养目标的建设，人才培养目标是对所要培养人才质量的总规定，人才培养规格是人才培养目标的具体化，传媒类高校的人才培养目标和规格一方面要反映就业岗位对学生的内在要求，反映学生职业生涯发展的需求，另一方面要引领专业课程与教学改革，进而促进教育资源的合理配置。在目标与规格的引导下，创新人才培养模式。第三，专业院校要重视课程体系与教学改革的进程，以专业对接产业、课程对接行业、教材对接技能为切入点，进行课程体系建设，改革课程内容、教学模式和评价方法，夯实实践教学，构建一批能体现行业技能要求、促进学生职业能力培养的优质核心课程，统筹规划和建设要紧密结合行业实际、具有职业教育特色、展示方式多元化的教材体系和教辅资料，这是专业建设的重要内容。第四，专业院校要重视双师队伍与实训基地建设，“双师型”教师队伍建设既要优化教师群体的“双师”结构，又要提高教师个体的“双师”素质，进而造就一批基础理论扎实、教学实践能力突出的专业带头人和教学骨干，同时实训基地建设要充分统筹校内校外资源，建成一批融教学、培训、技术研发和专业技能鉴定功能于一体的实训基地，这是传媒类专业发展的基础性条件。第五，专业院校要不断优化专业管理机制，专业建设涉及传媒类院校的不同部门和人员，内容包括教育教学工作的方方面面，因此，要想打造一个优质专业，就需要集合各方力量，统筹好各个环节，提高专业建设的效率和效益，加强专业建设过程与结果的监控，保障专业建设工作有序、规范、高效地开展。CIPP 模型要能有效地监控专业建设过程并反映上述诉求的执行情况，并对未来发展的可能性进行预判。

作为质量保障的一种重要形式，评价的本质是一种价值判断，评价的过程本质上是一个诊断、鉴定和促进改革的过程。专业建设评价也是如此，它以专业建设为对象，根据评价标准，利用行之有效的评价手段，通过定量、定性分析，对专业定位与规划、人才培养方案、课程与教学改革、师资队伍建设、实训条件建设等基本要素进行价值判断，进而总结专业建设的经验和成效，诊断专业建设的问题和不足。专业建设在现代传媒教育体系建设中扮演着不可或缺的角色，因此必须以专业建设评价为着力点，充分发挥其鉴定、诊断、激励和导向作用，提高专业建设质量和效果。专业建设评价在当前传媒类院校发展中虽然得到了广泛应用，但目前推行的专业评价以鉴定、选优型居多，这种评价类型无法从根本上触及传媒类院校专业建设的质量核心，诊断专业建设过程中存在的具体问题，弱化了对专业建设的改良作用。如何进行更加有效的资源投入，科学评价投入产出之间比率，便捷、高效、全方位进行专业建设评价与诊断，成为专业建设评价的重难点。专业建设需要进行科学评价、挖掘经验和成果，发挥现有专业建设绩效在社会经济发展中的作用，促使社会各界了解并支持传媒教育发展，为构建现代传媒教育体系打下社会基础；同时，需要科学诊断、鉴别专业建设中存在的问题与不足，提升专业建设水平，提高人才培养质量，为构建现代传媒教育体系打下质量基础；引导传媒类院校加强和企业行业的合作，对接产业、行业一线岗位并按其要求开设专业，对接行业标准选择专业课程内容，改革人才培养模式，提高人才培养的适应性，为构建现代传媒教育体系打下就业基础；通过评价标准的建构，引导政府及传媒类院校加大专业建设经费及资源投入，为构建现代传媒教育体系打下经济基础。

CIPP模型在传媒类院校教育评估体系中的应用，是传媒产业建设发展的要求。随着现代传媒教育体系建设进程的加快，传媒类院校专业建设评价工作受到越来越多的关注。一方面，优秀的实践经验和成果越来越多地得到总结和推广，另一方面，新旧问题的此起彼伏也亟待深入研究和解决。随着传媒类院校专业建设意识的日渐清晰，对专业建设各个要素的关注也日益增多，尤其是对课程建设、教师队伍建设和实习实训基地建设三大要素最为关注，三个要素几乎贯穿在专业建设的全过程，但是这种关注更多地停留于对课程、教师和学校硬件条件的狭隘理解，忽视了产业、行业、企业和职业岗位等外部环境对专业建设的重要影响。此类评估中易于出现的问题正是CIPP模型基于其四个评估阶段易于有效解决的优势。区域经济转型和产业结构调整升级牵动着专业教育的变化，需要不同类型的高素质技能型人才适应这种变化，因此，行业要素是人才培养的重要立足点之一。如果院校在专业建设过程中融入行业要素较少，那么就会出现一方面对行业近期和中期人才需求的数量没有准确的预测，另一方面对行业标准和新技术要求等也没有及时吸收到专业建设的内容中去，进而会导致人才培养缺失市场需求的针对性和适切性。

CIPP模型在传媒类院校教育评估体系中的应用，是传媒教育专业建设发展的要求。实习实训基地建设是应用型高等院校比较重视的一个要素，尤其是在传媒类教育规模发展进程中，会成为判定传媒院校专业建设水平的关键要素，一般来说校内实习实训基地建设会受到更多青睐，因为它和经费投入有着直接的关联。校内实习实训基地建设不仅是硬件设施设备的投入，也是接受企业文化、企业精神和企业氛围的理想所在。学生学习的概念、事实、程序性知识、策略性知识、专业经验等内容，教学的建模、训练、反思和探究等方法，都需要在特定的情境中完成，这种情境的创设需要传媒类院校建立具有专业的行业工作场景特征的实习实训基地。高校在课程建设上，需要打破学科型结构，根据岗位建构新的课程体系，通过工作任务分析，按照工作的范畴以及工作的主次性和相关度，确定专业核心和专业课程。

传媒类院校专业建设应该坚持“有所为有所不为”的原则。根据专业自身特点和优势拓展专业集群，在专业集群中进行长短结合和核心专业建设，把核心专业建设成品牌专业，从而带动整个专业群的发展。传媒类院校的专业不一定都要做大做多，但一定要做精做强。促进专业建设既是推进传媒教育改革发展的重要抓手，又是实现传媒类院校科学发展的重要路径。要真正使专业建设卓有成效，并发挥积极作用，就应该选择“产学合作紧密、改革成绩突出、制度环境良好、辐射能力较强”的专业，基于学校办学基础、资源和力量，加大专业建设力度，并以部分优势专业建设为龙头，带动专业集群发展。通过专业的分类发展、错位竞争，找准各个院校“生态位”，形成各具特色的“核心竞争力”。CIPP 模型善于通过对背景与目标的精确分析指出在办学定位和发展定位上的问题，并且对于传媒类高校现存的问题有明确的指示与导向作用。

CIPP 模型在传媒类院校教育评估体系中的应用，是传媒教育人才培养和现代职业道德的要求。传媒类院校进行专业建设首先要解决好的问题就是“培养什么样的人”，加强专业建设的终极目标也是提高人才培养质量。应用型专业教育是教育的类型之一，教育属性仍然是其本质属性。因此，专业教育在融入经济社会发展、紧紧抓住社会需求的基础上，应该深入关注学生终身发展需求，关注学生未来就业机会和发展前景，培养学生在多种职业岗位中流动的适应能力及职业道德。现代职业教育在关注科学精神的同时更应该培养学生的人文精神，满足个体个性化发展需求，强调社会发展与个体发展的统一，体现了一种“以人为本”教育观的回归，这种观念也应该引导着各院校在专业建设的方方面面。传媒类教育的类型特征决定了传媒类院校专业建设与经济社会发展必然保持着密切融合，而进行专业建设的目标就是要满足区域社会对高素质技能型人才的需求，服务经济社会发展。但这一目标不应当是专业建设的唯一目标，否则会导致学校的专业建设出现人才培养目标定位模糊、方向偏差的问题。基于这样的认识，传媒类院校在进行专业建设时对人才培养目标的定位多倾向于关注技术要求、任务要求、岗位要求，而对学生怎样适应社会、怎样提高自我发展能力，怎样指导学生在一个相对宽泛的学习领域中，根据外部环境变迁、自身兴趣与条件等因素，有针对性地选择自己的发展方向，完成自己的专业培养等方面提供的支持非常少。

斯塔弗尔比姆所主导的CIPP评价模型突出表现为全程性、过程性和反馈性等特点，CIPP评价模型将评价活动贯穿于整个活动环节，它与实践活动每个步骤发生连接，提出对实践的执行过程进行全面监督，分析项目实施过程中可能导致不良后果的潜在因素，使项目实践在执行过程中能够不断据此作出适时适当调整，明确提出了项目实践在任何阶段都可以进行结果评价，以使评价的反馈性功能更大地作用于实践的全过程。可见CIPP评价模型有助于克服当前我国传媒类院校专业建设评价的各种问题。当然任何一种评价模式都不是完美无缺的，在采用CIPP评价模型时必须建立在对传媒类院校专业建设及评价的系统分析的基础之上。

要解决上述问题，就必须找到程序与方法相互协同的评价模式，引入CIPP评价模式来实施专业建设评价的系列工作具有内在逻辑。在社会工作领域，任何一项评价的根本目的都是服务于管理，其主要目的都是要为管理者提供辅助决策的关键信息。传媒类院校专业建设应用CIPP评价的逻辑起点是通过对传媒院校专业建设进行全过程评价，发挥教育评价的积极作用，实现“有教有评”“以评促建”“以评促教”的评价目标，最终实现“办人民满意教育”的理想。换言之，传媒类院校专业建设以CIPP模型为基础的评价体系就是想通过评价提高传媒院校专业建设的效率和效益，进而改进传媒类院校专业建设工作。

“有教有评”是教育评价自诞生之日起就必须遵循的基本逻辑，简言之，就是“有教育就必须有评价”，这是教育学的基本原理之一，也是评估学对于评估的价值定位。对传媒类院校专业建设CIPP模型评价体系有着深刻的逻辑意蕴，“有教有评”指的是教育与评价两者之间的相互并存、共生共荣的教育关系或教育现象，“有教有评”不仅指教育活动与教育评价相伴而生，同时出现的教育现象，还具有“教育离不开评价、评价促进教育发展”层面的价值意义，办人民满意的高质量教育需要的高质量的教育水平及其评价体系，为传媒类院校专业建设 CIPP 评价体系的实践价值取向起到了定调定性的作用，最根本的还是切实保障传媒类院校专业建设的质量。当学生毕业走向工作岗位之后，这些学生就是未来中国国家社会传媒行业发展建设的主力军，他们的劳动素质和劳动力水平决定了中国传媒产业和文化产业甚至是社会生产力的水平，关乎中国文化实力的强弱和整个社会的发展层级，在传媒类院校开展建设是基于 CIPP 模型的评价体系实践是提高传媒类教育质量的重要措施。

从当前与未来的需求逻辑来看，实施传媒类院校专业建设 CIPP 模型评价体系的构建是新时代教育变革的重要议题，传媒类院校专业建设是应用型高等教育发展的主力军，教育水平的“满意”与否，质量好坏，只有通过评价才能真实了解。因此，传媒类院校专业建设 CIPP 模型的评价体系是实现办人民满意的传媒类教育的重要策略。选择 CIPP 评价模型，是基于传媒类院校专业建设评价的问题、传媒类院校专业建设过程的复杂性、因素的多元性，是切实保障传媒类院校专业建设质量的基本策略。

“以评促建”的评价改革思路就是用教育评价技术去促进和推动专业建设技术改革与发展，从而有效引领专业建设的持续发展，这是对传媒类院校专业建设过程与结果的关注，实施传媒类院校专业建设 CIPP 模型的评价体系的主要的目的在于了解及改进应用型本科教育专业建设工作本身的理论与实践，探讨应用型教育专业建设过程的特性，纠正可能产生的误差，提供并确保评价的绩效责任，阐述及控制评价实施的偏差，从而保障传媒类院校专业建设的效率，尤其是保障传媒类院校专业建设过程的前进方向与资源利用的充分程度。所以“以评促建”是传媒类院校专业建设 CIPP 模型的另一逻辑起点。斯塔弗尔比姆认为，“实施评价主要的目的在于了解及改进评价工作本身的理论与实践”，根据此观点，传媒类院校专业的 CIPP 模型评价体系可以分为两类，一类是形成性评价，也就是传媒教育专业建设前实施的评价，主要用于评价工作决策，经常由内部人员实施；另一类是总结性评价，即专业建设评价则是回溯性的评价，主要用于评价工作绩效，由外部人员和第三方机构实施。所有的评估工作主要针对专业建设工作的目的、专业建设工作的设计、专业建设工作的过程与专业建设工作的结果进行评价。基于对传媒类教育专业建设全过程进行评价，反思和改进应用型教育专业建设工作本身，CIPP 评价模式将在专业建设中起着导向和质量监督的作用。以评促建还包括以评价促进管理，以管理指导建设。传媒类院校专业建设 CIPP 模型的评价体系可以成为教育行政部门进行传媒类教育管理和指导学校工作，提高办学效益和水平的重要工具。

“以评促建”的逻辑源于通过评价为管理者决策服务，以管理决策来促进专业建设过程。整个逻辑机理着眼于其规范功能、监督功能和激励功能，通过三大功能的发挥使其作用于传媒类院校专业建设进程，实施 CIPP 模型下的评价机制首先必须有约束机制，任何评价必须有一定的标准和一定的操作规范对评价的工作进行约束和规范。同时建立反馈机制，将评估信息反馈给评估工作组，评估工作与被评估者之间适时交流反馈，保证信息畅通。最后必须根据评价结果出台一定的激励机制，通过约束机制、反馈机制与激励机制衍生出规范功能、监督功能和激励功能，进一步约束和规范传媒类院校专业建设行为，传递和宣扬传媒类院校专业建设进展，激励院校专业建设创新，共同推进传媒专业建设 CIPP 模型的评价体系“以评促建”目标的实现。

传媒类院校专业建设 CIPP 模型的评价体系的终极目标在于“以评促教”，主要是指通过传媒类院校专业建设 CIPP 模型的评价体系促进专业建设，进而发挥传媒类院校专业建设效益，实现教育目标和社会价值，关注院校专业建设结果的功能发挥。要实现“以评促教”，就必须以“以评促建”为中介支撑点，用专业建设撬动传媒教育社会功能与社会价值的实现，就必须在促进学校应用型教育专业建设改革和师资发展上起到重要的推动力作用，这也是传媒类院校专业建设 CIPP 模型的评价体系“以评促评”的直接着力点。首先，传媒类院校专业建设与评价的结果会打造一批更加科学、更加规范、更具生命力的专业，资源会随之不断完善。配套硬件的逐步改善，譬如教室、实验室、实训基地、实验器材等等，助推学生的学习兴趣与教师教学的激情，同时配套软件的改善，譬如师资队伍、发展理念、学校文化、班级文化等实力的提升，为学生学习与教师教学的改进营造了良好的氛围，有助于学生愉快、自觉地学，更有助于教师忘我地、奉献地教。同时专业设置与变革带来的课程改革和教学变化，也为传媒院校教育教学提供了更好的外围条件。其次，传媒类院校专业建设 CIPP 模型的评价体系促进传媒类院校师生理念革新与反思，以发展的观点看待结果而不以淘汰和区分作为目标。所以说传媒类院校专业建设 CIPP 模型的评价体系重在帮助院校发现问题，从而进行改进，师生不必担心被淘汰或者被惩罚，而是会在评价结果反馈之后进一步发现自己的不足，这是促进高校进一步发展的重要动力与契机。此外，传媒类院校专业建设 CIPP 模型的评价体系不仅能提升院校教学质量和人才培养质量，还能更好发挥教育价值与社会价值，从而释放专业建设“效益”，从根本上提高传媒类教育质量，尤其是提高应用型教育人才培养质量，使其能更好地服务经济社会发展。因此，传媒类院校专业建设 CIPP 模型的评价体系的终极目标其实是发挥教育服务学生、服务学校、服务企业与市场、服务人民与社会的功能，释放传媒类教育的效益。

通过分析传媒类院校专业建设 CIPP 模型的评价体系的价值逻辑——“有教有评”“以评促建”“以评促教”，“办人民满意教育”的教育理想与传媒类院校专业建设 CIPP 模型的评价体系的“效率”“效益”有着紧密相关的关系。在传媒类院校专业建设 CIPP 模型的评价体系过程中，要始终坚持“效率”“效益”为先导，在评价目标、评价内容、评价标准、评价方法等方面做好 CIPP 模型评价的工作实践。传媒类院校专业建设的效率与效益，最直接体现在专业建设通过评价之后的改进和发展。正如斯塔弗尔比姆所言，评价的目标不是为了区分，而是为了改进。因此传媒类院校专业建设 CIPP 模型的评价体系的目标取向就是通过评价促进传媒院校专业建设改进，以专业建设改进促进传媒院校的发展，因此需要定位明确，确保保证质量与提升层次、增强优势与突出特色、基础学科与应用学科之间的相互关系。

保证质量与提升层次是当前我国专业院校建设的两种不同目标取向。从评价目标来说，保证质量更多是基于效益的视角，着眼于现阶段专业建设与改进的成效。提升层次追求是在现有基础之上的提高，是对未来传媒类教育地位与层次的升级。保证质量与提升层次是两种不同的价值目标取向，都指向了传媒类院校专业建设的效率目标和效益目标。首先，树立全面的、全新的质量的传媒类教育质量观，明确层次高并不是质量高，一定要扭转用层次代替质量的办学取向的思路。其次，要树立特色教育质量观，尤其是不同学校要确立有区分度的教育质量标准。最后，瞄准社会人才需求，以内部质量带动外部质量。

增强优势与突出特色是院校专业建设的两种不同路径，也是两种不同的目标取向，是专业建设的重点目标，是保障传媒类院校发展效率与效益的关键，都指向了院校建设的效率目标和效益目标。从效率与效益的辩证关系来看，增强优势与突出特色也是辩证统一的关系。有些院校的优势专业并不是特色专业，专业设置与其他传媒类院校并无区别，只是在自己的专业圈里面相对较强，有些传媒类院校的特色专业并不是优势专业，有些传媒类院校的某个专业很有特色，但是由于师资、生源等问题并没有发展成为优质专业。一所应用型本科院校的优势学科所在就是这所传媒类院校的特色所在。因此，从教育评价的角度来看，传媒类院校专业建设 CIPP 模型的评价体系要同时重视传媒类院校专业增强优势与突出特色的目标诉求，通过专业建设的做大做强，做出特色。

基于传媒类院校专业建设 CIPP 模型的评价体系的效率目标和效益目标，基础学科与应用学科不可偏颇，专业院校毕竟不同于综合类大学，大部分专业和学科都是应用型的，教学过程为学生一生的传媒类生涯发展奠基，同时也不能忽视基础学科建设，这是增强办学实力的必要内容，也是其他学科的生长点。

尽管理想的传媒类院校专业建设 CIPP 模型的评价体系的内容是全面的内容评价，但由于传媒院校专业建设内容较为复杂，而且评价工作本身的技术与能力的局限，只能采用重点评估带动全面评估，以集群式、集约型、集成化为专业建设取向，体现传媒类院校专业建设 CIPP 模型的评价体系的效率和效益。

评价标准是指对应于相应的评价指标，被评对象达到什么程度和水平才是符合要求的、良好的或是优秀的。评价标准不仅直接决定评价结果的好坏，更关系着评价工作的效用。一方面，标准产生结果，有标准就会有问题，一套既定的评价标准会对不同院校专业建设的结果进行价值与等级的判断，即使不以区分为目标、不以好坏为结论，但是，标准之下，总会有差异，并且这也是影响评价工作效果的重要因素。另一方面，标准产生结果，但标准本身的人本性、公正性与发展性直接决定了评价结果的科学性与公信度，如果评价标准不能以人为本，不够公正，不关注发展，那么接受评价的目标院校未必会按照评价结论去实施改进。传媒类院校专业建设 CIPP 模型的评价体系是关于人的教与学、关于学校发展的价值判断、关于教育发展与未来的复杂问题，因此，需要坚持人本、公平、发展和科学的基本价值准则。

人本是传媒类院校专业建设 CIPP 模型评价体系需要坚持的第一标准，“以人为本”并不是完全以学生或者教师的诉求为中心，尤其是忽视教育规律的不合理诉求。传媒类院校专业建设 CIPP 模型的评价体系要坚持以人为本的原则，同时要以教育发展规律为依据。传媒类院校专业建设 CIPP 模型的评价体系要以培养人、发展人和服务人为核心取向，充分尊重人的权利，保证人的自由，开发人的潜力，创造人发展的有利条件，要在关照“整体人”的“人本”之上，不过分关照“个体人”的特殊诉求，把教育促进人的发展作为最根本的取向。之所以不过分关照“个体人”的特殊诉求就是要杜绝特权思想，回避关系行为，追求公平公正的院校专业建设评价。关照“整体人”的“人本”诉求，就是按照教育培养人、教育教化人、教育发展人的思路进行院校专业建设。以“整体人”的发展，成就“个体人”，塑造完整的人、全面的人和有技术有技能的人，这是传媒类院校专业建设 CIPP 模型的评价体系所追求的效率与效益。

“公正”是社会的一种基本价值观念与准则。现代意义上的公正理念的主要依据可分为两类，一类是理念依据，包括平等理念、自由理念和社会合作理念；另一类则是现实依据，即现代化进程和市场经济，公正表现为“给每一个人他所应得的”这一基本的形式。传媒类院校专业建设 CIPP 模型的评价体系的公正理念主要是指评价程序的公正与结果的公平，要确保整个评价符合社会公众的利益诉求。传媒类院校专业建设 CIPP 模型的评价体系的最终目的是释放应用型本科教育的服务功能，让教育服务学生、服务学校、服务企业与市场、服务人民与社会。评价的程序要公正，从评价设计到评价实施到评价结果都应该坚持独立、自主、客观、透明、公开、合法的实施原则。保障传媒类院校专业建设CIPP模型的评价体系的专业性与结果的公信度，可以通过建立第三方评估机构，提升评价机构的公信力，体现差异平衡，不搞一刀切。科学设计评价指标体系时，应结合评价目标进行分层分级设计，坚持严格遵守既定评价标准的原则实施评价，同时也要区分层次，根据层次的不同实施权变的评价准则。

所有的评价都必须指向发展，否则这种评价就是没有意义的评价。教育是关系国计民生的公益性事业，传媒教育更是关系着我国传媒行业及文化实力的前进发展，因此聚焦于发展，尤其是为传媒类院校、教师、学校的发展服务是传媒类院校专业建设CIPP模型的评价体系标准制订的重要准则和基准取向。在“以评促建”“以评促教”的过程中让传媒类院校专业建设CIPP模型的评价体系符合可持续发展的尺度成为一种满足院校、教师、学校诉求的评价，要坚持“以评促建”的效率取向，保证院校专业建设的成果，服务院校办学，能够“以评促教”，为教师工作与教学创造良好的工作环境，为教师教学提供决策依据，为教师改进教学服务，回到学生发展的层面上。通过专业建设、课程改革、教学改革等为学生发展提供更好平台，以学生发展，成就教师发展，推动学校发展，服务社会发展，实现“四位一体”的协调共享发展。

教育活动本身是一种合目的性与合规律性相统一的过程，因此，所有关于教育的评价都是对教育实践结果与既定目标之间相一致或吻合程度较高的一种理性估价与判断。传媒类院校专业建设CIPP模型的评价体系也是一种过程、结果与目的相统一的评价，也是从“背景—投入—过程—结果”的全息式评价，也必然是多元参与、多元方法的现代性评估。

评价的科学性是保证评价结果的可信度与公正性的重要依据。传媒类院校专业建设CIPP模型的评价体系的科学性要特别关注以下三个评价的科学问题：一是评价设计的科学性，尤其是评价方案的设计和评价主体的选择。传媒类院校专业建设 CIPP 模型的评价体系的根本宗旨在于提升教育质量评价的合理性，方案设计应该整合教育、教育质量、教育质量评价的性质。在评价过程中，评价实施的主体应该是具备相关知识与技能，具有一定评估资历和经验的专业团队，评价者的专业性是保证评价效率和效益的关键所在。二是评价方式和评价方法的选择问题，实施传媒类院校专业建设 CIPP 模型的评价体系需要根据评估对象、评估内容的不同，选择适宜的评估方式与评估方法，确保评估过程的科学性与有效性，更需要尝试多元的评价方式与评价方法。三是评价技术的科学性与先进性，信息时代与大数据时代的到来，云计算等新的数据处理技术可以被利用到传媒类院校专业建设 CIPP 模型的评价体系构建中。

构建传媒类院校专业建设 CIPP 模型的评价体系是一个复杂的、动态的过程系统，是全息的模式，尤其是在评价的方法与技术上能够全过程、高效率地反映院校专业建设过程。构建传媒类院校专业建设 CIPP 模型的评价体系过程中要关注传媒类教育特点，凸显人才培养的职业性与应用性；要关注传媒类院校特点，凸显专业建设的科学决策与整体建设；要关注专业建设特点，凸显专业建设的发展效率与整体效益。在具体的方法与模式运用中，既要考察专业建设的人才培养质量与专业发展成效等成果性评价，又要在考察专业现有基础、水平的基础上考察专业发展的水平与速度、效益与效率。按照系统论的哲学理念，作为一个全息性的过程评价系统理论，在评价的起始端，明确传媒教育专业建设的主要指向，也就是院校专业建设的核心目标，重点评价传媒类院校专业建设的目标的适应度。在院校专业建设资源输入评价上，重点分析院校专业建设的核心资源，特别是教师资源（双师型教师）、教学资源与经费资源，用系统的方法，分析评价传媒类院校专业建设条件的保障度。在传媒类院校专业建设 CIPP 模型的评价体系的应用过程中，重点分析核心课程，分析评价院校专业建设课程的有效度；在院校专业建设结果的评价技术上，分析和评价传媒类院校专业建设的核心发展，重点关注传媒类院校专业建设的满意度。基于对传媒院校专业建设全过程的分析和判断，把效率和效益作为根本的尺度与取向，力求用全息性的理论分析与判断，保障院校的专业建设，确保专业建设所培养人才能实现对社会需求和专业建设本身内在规律的均衡，实现有效的、可持续性的发展与改进。

目前，传媒类院校专业建设 CIPP 模型的评价体系的构建要求评价方式由单一性向多样性转变，强调多种评价方式的相互结合与补充。评价方法、评价技术与手段应该多元化，大胆尝试大数据、云计算、虚拟仿真等新时代的技术，在评价技术上实现科技化、数字化，同时评价主体要多元化。专业建设是一个复杂的过程，关系到多元利益主体，要大胆吸收除了政府与学校之外的评价主体，广泛吸收企业、行业、家长以及权威的第三方评估机构参与评价，通过多元主体的利益表达，探寻最理想的传媒类院校专业建设。通过方法、技术与主体的多元化，保证提升传媒类院校专业建设 CIPP 模型的评价体系的科学性，真正提升传媒院校专业建设的效率与效益。

总之，运用 CIPP 对传媒类院校进行评估研究具有现实意义。首先，将 CIPP 模型引入我国传媒类高校的教育能力评价研究，搭建基于传媒类高校教育能力评价的概念、模型及功能的系列理论框架，为传媒类高校教育能力评价提供了新的思路和方法。用更为具体的指标体系构建传媒类高校实证分析、模式提炼和能力提升的策略，从而增强传媒高校教育能力评价的科学性、针对性、实效性与系统性。其次，建立基于 CIPP 模型的传媒高校教育评价指标体系，对我国传媒教育的发展现状进行科学、有效、客观的综合评价，确保我国传媒类教育系统、规范、有序、快速地发展。对我国具有代表性的三所公办传媒院校及部分特色鲜明的民办传媒院校教育模式进行提炼，为高校提升教育水平，展现传媒类高校教育实力，提供合理资源配置和功能的有效发挥提供参考依据，并为教育主管部门进行宏观决策和发展规划，调整相关评估政策从而为其提供有效信息，切实改进我国高校传媒类教育管理工作。再次，对传媒类高校教育教学能力评价的研究，有利于推动我国传媒学科及艺术相关学科建设与创新创业发展，是繁荣学科建设、专业建设和科研建设的重要手段。最后，为我国传媒类高校培养高质量应用型人才提供具体的评价模型，是人才强国战略与建设创新型国家要求的全面落实。评价政策的制订同时对大学生知识的拓展、专业素养的提升、学校品牌形象的塑造都有增强作用，对培养由单一型向复合型、应用型人才培养的转变起着推动作用。同时，在人才培养模式急速转型的当下，并通过对传媒类院校教育水平评价标准体系及实证研究水平的不断提升，为专门类型的高校人才培养的创新、不同形式的高校教育活动和不同层次的人才教育观念提供较为具体的认识定位，并对大学生转变就业观念、创业理念的问题提供有效的解决方法。

第五章　基于 CIPP 理论的传媒类高校教学评价体系构建

培养传媒行业的应用型人才是传媒类院校的共识，其中实践教学是完善培养目标、提升教学质量的有效手段，是实现传媒领域人才培养使其与行业接轨的重要环节。山西传媒学院作为全国第三所公办传媒类院校，基于历史背景、位置条件等客观条件，优势与不足方面均具有代表性。本章将以山西传媒学院为研究对象，对现有实践教学模式与组织过程进行科学有效的评价，构建合理的实践教学评价体系，将对落实推进传媒教育发展的目标产生积极的现实意义。同时以 CIPP 模式为背景细化成三个项目，从院校评价体系构建、实践教学评价体系构建、中外评价模式比较分析三个不同角度，尝试探讨传媒类院校评价体系的构建，以期提升教学各环节的效能。

第一节　基于 CIPP 评价模式的山西传媒学院评价体系构建初探

一、评价模式制定依据及原则

（一）评价模式的制定依据

教学评价本身是一个价值判断的过程。在哲学中，评价问题是随着价值论的诞生而确立起来的，同时评价也是一个认识论的问题，有其合理性。评价具有工具价值，即一事物对别的事物而言所具有的意义和价值，同时评价具有内在价值，即一事物自身存在意义或价值。科学的教学评价是内在价值和工具价值的有机统一。价值论研究强调事实分析与价值分析的结合，是对教育评估作出价值判断的主要理论依据。院校教育质量评估应当反映评估主体的多元价值取向，具体体现了高等教育评估的工具价值。然而，教育评估的主体在体现评估工具价值的同时更要遵循本体价值，教育的本质和最高宗旨是促进人的全面发展，这是高等教育发展的统一性。

（二）评价模式制定的基本原则

评价指标体系的制定依据六个基本原则：

1. 科学性

评价指标体系的制定以现代教育理论和管理理论为指导，遵循人才发展的基本规律，遵循对教育教学目标进行层层分解，能够全面、客观、真实地反映整个教学过程。

2. 可行性

教学评价的各项指标来自对教育教学目标的分解，而且通过科学的方法赋予各指标以权重，可以直接进行测量和结果的统计学处理，在实践操作中方便易行，实现对教育教学工作的有效诊断；各级评价指标之间关系明确，层次清晰，表述明确，标准恰到好处，利于评价工作的顺利开展。

3. 导向性

教学评价指标体系对高校的教育教学具有重要的导向作用，涵盖教学的各个环节，评价的目的在于促进教学改革、提高教学质量，这就明确了教学在高等院校中的中心地位。教学评价指标体系引导传媒类院校处理好结构、效益、规模和质量之间的关系，正确处理好教育教学工作和科学研究之间的关系。

4. 统一性

传媒类院校教学评价指标体系的确立既要从目前教育教学实际出发，又要坚持高标准，坚持正确的发展方向，使得教育现状与发展趋势之间保持良好的统一。

5. 通用性

在设计教学评价指标体系时，制定者要综合考察各个学校的共性和个性，考虑不同专业、不同课程之间的共同性和差异性，尽量广泛征求意见对各级指标进行筛选和权重赋予，使各项指标的确立能够更有说服力和针对性。

6. 针对性

教学评价指标体系的确立要充分考虑到传媒类院校人才培养的特殊性，不能按照一般的学校工作来制定评价指标。传媒类院校的教学应根据其自身的特点，包括培养目标、师资队伍、独具特色的实践环节等，指标的建立也应该考虑到多方面因素的影响，从而保证指标体系的针对性。

二、传媒类高校教育质量评价体系的主要内容

作为在一定社会背景下发生的促使个体的社会化和社会的个性化的实践活动，教育是一种相对独立的社会子系统，包括三个基本要素：教育者、学习者和教育影响。传媒类院校教育质量评价作为对学校教育活动的整体评估，

其主要内容只有涵盖这样三个基本要素，才能全面把握学校教育活动的运行情况，为新一轮深化教育教学改革提供理论与信息基础。

（一）教育者

作为学校教育的教育者，通俗意义上而言就是“教师”。一个真正的教育者必须有明确的教育意图或教育目的，理解自身在实践活动中所肩负的促进个体发展及社会发展的任务或使命。“教育者”这个概念，不仅是对从事教育职业的人的总称，也是对他们内在态度和外在行为的一种“规定”，不论是普通高校还是传媒类院校在进行教育评价时应该有一个共识，那就是不仅应该从“身份”或“职业”上来把握，而且还更应该在“素质”或“资质”方面有所追求。

（二）学习者

传媒类院校评价在“学习者”这个模块，除去作为未来传媒行业人才素质的正常考量，还要充分尊重“学习者”以下三个基础性情景：一是不同的学习者有不同的学习背景或基础，并会由此影响到各自的学习兴趣、能力或风格；二是不同的学习者在学习过程中所面临的问题和困难不同，因此，进行有效学习所需要的帮助也不同；三是不同的学习者对于自身学习行为的反思和管理意识与能力不同，从而会影响他们各自的学习效率和质量。

教育者要想成功地促使学习者有效学习或高效学习，就必须在把握学习者之间共性的同时把握他们不同的个性，这在一定程度上也是“教育者”素质的体现。从一定意义上说，传媒院校评价学习者个性的把握程度，就在一定程度上决定了教学有效性的大小与教学所能达到的境界的高低，也能局部反映整体教育教学水平所能达到的值域。

（三）教育影响

“教育影响”即教育活动中教育者作用于学习者的全部信息，既包括信息的内容，也包括信息选择、传递和反馈的形式，是形式与内容的统一。从内容上来看，主要包含教育内容、教育材料或教科书等，从形式上说，主要是教育手段、教育方法、教育组织形式。正是这种教育内容与教育形式的统一所构成的教育影响，使得教育活动成为一种区别于其他社会活动的相对独立的社会实践活动。传媒类院校评价中对于教育影响的观测，需要凸显形式与内容的最优化结合，并最终给教育者和学习者提供最大的交互体验平台与空间，促进学习者的发展，同时也一定程度上促进了教育者的专业化成长。另外，在教育影响的模块中，作为传媒类院校所独有的特色（包含形式与内容）要得以充分彰显，这样才能区别地体现出传媒类院校与普通高校在评价时内容上的差异。

三、山西传媒学院基本情况梳理

山西传媒学院是山西省人民政府和国家广播电视总局共建的高校，其前身是原广播电视部1983年建立的华北广播电视学校，在此基础上1990年成立广播电影电视部管理干部学院，2000年划转山西省人民政府，更名为广播电影电视管理干部学院，2013年经教育部批准，在广播电影电视管理干部学院基础上设立山西传媒学院，成为全国第三所公办传媒类本科院校。2010年与山西大学联合培养本科层次学生，2016年与山西大学联合培养新闻传播学专业硕士研究生，2020年被山西省学位办确定为硕士学位授权立项建设单位。学校是国家广播电视总局“国家动画教学研究基地”“广播电视网络视听人才培养基地”，是山西省委宣传部“部校共建卓越新闻传播人才培养基地”“山西省宣传干部培训基地”“山西省广播电视和网络视听产业示范基地”，是教育部百所“十三五”应用型本科产教融合发展工程高校之一和山西省6所向应用型转变试点高校之一。

据2023年4月学校官网显示，学校现有山西电影学院、视听学院、动画与数字艺术学院（国家动画教学研究基地）、艺术设计学院、播音主持学院、新闻传播学院、文化创意与管理学院、信息工程学院、表演学院、马克思主义学院（筹）、人文学院、继续教育学院等12个教学机构；戏剧影视研究中心、文化创意与设计研究中心、白燕升戏曲研究传播中心、非物质文化遗产研究传播中心等4个科研机构。学校现有教职工683人，专任教师573人，其中高级职称教师 242 人，具有博士、硕士学位的 537 人；引进了白燕升戏剧研究传播团队、贾樟柯团队及金国平、王铁、马玉坤等专家学者到校工作，聘请敬一丹、胡智锋等 60 余名专家学者为客座教授。

学校本着“开放、共享、合作、双赢”的理念，实施“国际化 +”计划，与德国、俄罗斯、日本、英国、美国等国家的 30 余所高等院校开展交流合作，开展了多种形式的中外人文交流活动。多年来，学校始终坚持以习近平新时代中国特色社会主义思想为指导，完整全面准确贯彻新时代党的教育方针，坚持社会主义办学方向，落实立德树人根本任务，以政治建设为统领，不断加强和改进党的建设和思想政治工作，在教学科研、学科建设、人才培养、社会服务和文化传承创新等方面励精图治、守正创新，为中国特色社会主义事业培养高素质、高水平传媒人才的能力和水平显著提升。2023 年，学校顺利通过了教育部高等学校本科教学工作合格评估，各项事业在社会各界的关心关注支持下高质量发展，正朝着特色鲜明国内一流高水平应用型传媒大学稳步迈进。

教育部印发的《普通高等学校本科教育教学审核评估实施方案（2021—2025）》以促进分类发展为指导，对所有本科高校开展“两类四种”评估，其中第二类审核评估针对高校办学定位与历史差异，具体分为三种，审核评估重点是考察高校本科人才培养目标定位、资源条件、培养过程、学生发展、教学成效等。本研究立足于山西传媒学院的教学实际，作为我国目前三所公办传媒类院校之一，山西传媒学院有自身独特的发展历史与培养定位，对各类传媒类院校来说具有一定参考价值。

四、传媒类院校教学评价初步指标拟定

建立科学合理的指标体系是做好评价工作的前提和基础。传媒类院校的评价指标体系除了要遵循媒体教育教学规律和构建原则，最主要的是依照院校的教育目标和影响教育目标实现的因素来确定。

CIPP 评价模式，亦称决策导向或改良导向评价模式，模式包括四种评价要素，分别为背景评价、输入评价、过程评价和成果评价。背景评价就是要

在特定的条件下评价教育背景中的问题、资源和需要的机会；输入评价是在背景评价开展顺利的情形下，对目标达成需要的资源、条件以及实施方案的比较分析，以判断方案的可行性和有效性；过程评价，则是对方案实施过程的评价，在过程中对其检查、监督和反馈；成果评价是目标达成度的评价，以确保满足人们的需要。这四类评价与教育决策有着紧密而不可分割的关系。由它们的内涵可知，分别对应不同阶段的决策：背景评价——计划决策；输入评价——组织决策；过程评价——实施决策；成果评价——管理决策。可见，这种教育评价不是以目标为导向而是以决策为导向，能够为管理和决策者提供决策依据。

基于 CIPP 理论的传媒类高校教育质量评价模型的构建，围绕背景评价、输入评价、过程评价及成果评价四个模块，以对传媒类高校的办学定位与培养设计、教学条件与水平、教学过程全监控、教学质量与成效四个部分的评价重新梳理评价体系；以对传媒类教育的目标、计划、行动和结果为评价焦点，贯穿高校教育中的各个要素，整合诊断性、可行性、高效性、形成性及总结性的评价类型，从而为传媒类高校教育计划决策、组织决策、实施决策和重复决策服务。不同评价要素（背景评价、输入评价、过程评价、成果评价）对应相应的评价焦点的流程，即为教育的不同阶段提供有效信息的服务过程，在此基础上形成的总结性评价为后续评价做准备，以追踪和评估结果和影响，从而突出了形成性评价和改进功能，而非单纯地追求总结性评价和证明功能。

首先，基于背景的传媒类高校基础能力评价，为教育计划决策服务，是对高校教育目标的诊断性评价。这一评价要素定义与计划有关的教学环境，描述教学过程所包含的情景，设定传媒教育的需求目标，并诊断制约传媒高校教育发展的问题。因此，传媒高校教育的背景评价着力于提升教学环境的基础能力。高校教育环境是外部环境和内部环境共同作用的结果，就外部环境而言，传媒高校与“区域环境”紧密相关；就内部环境而言，传媒高校的环境基础能力以“理论基础”和“实践创作”为表征。

其次，基于输入的传媒类高校资源配置能力评价，是对传媒类高校应用型人才培养的可行性评价。这一评价要素检验并决定如何运用教学与实践资源实现教育目标，从而为变革人才培养创新教育指明方向。因此，传媒类高校教育输入评价着力于提升资源配置能力，包括对教育资源的投入情况和分配安置情况，在传媒专业教育的“师资投入”“经费投入”“组织保障”的共同作用下，提升高效配置教育资源的能力。

再次，基于过程的传媒类高校过程行动能力的评价，是评价内容的核心，为传媒高校教育发展实施决策服务，是对高校教育行动的高效性评价。这一评价要素对应用型教育方案是否有效利用现有教育资源进行研判并获取相应反馈信息，因此，过程评价着力于提升传媒高校教育过程的行动能力。需要注意的是师资队伍、实践项目、课程教学是重要考量因素，决定着教学过程的总体质量。

最后，基于成果的传媒类高校绩效能力评价，为传媒教育决策服务，是对传媒类院校应用型人才培养教育结果的形成性评价。这一评价要素给传媒教育目标的实现程度和行动的负面效应提供了相应信息，以改进教育决策和形成更优的结果。因此，传媒类高校教育成果评价着眼于提升教学绩效能力，并为持续性的评价体系的改革与发展提供参考依据。

作为教育评价理论和实践的桥梁纽带，CIPP 模型是兼具理论指导性和实践操作性的行为范式。基于山西传媒学院的基本教学情况以 CIPP 评价模式为原型，在查阅大量文献和进行专家咨询基础上，构建了传媒类院校教学评价初步指标，可分为 A、B 两个等级。这一评价体系的构建为传媒类高校提升教育能力开展实证分析，为提炼传媒类高校教育模式与剖析能力提升策略提供理论依据，可以全面、客观、科学地呈现传媒类高校教育活动和过程，体现教学能力，遵循理论模型的客观要求和整体脉络。

基于 CIPP 的传媒类高校教育质量评价体系指标如表 5-1-1 所示：

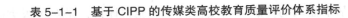

表 5-1-1　基于 CIPP 的传媒类高校教育质量评价体系指标

类	一级指标	二级指标	评价项目	评价标准 A 级	评价标准 B 级
背景评价	办学定位与培养设计	办学定位	办学目标	办学目标和方向符合职能要求，符合当前传媒产业发展需要，注重应用型办学特色培育	办学目标和方向明确，基本符合当前传媒产业发展需要
背景评价	办学定位与培养设计	办学定位	办学思路	办学思路清晰，符合办学规律，有院校特色，注重因材施教	办学思路较为明确，有较强的质量意识
背景评价	办学定位与培养设计	发展保障	发展规划	总体与专项规划清晰明确，内容科学，系统配套，可操作性强，并取得行业与院校共识	总体规划目标明确，内容较为科学系统，有可行性
背景评价	办学定位与培养设计	发展保障	实施保障	完善的规划实施的管理体制和保障机制，有能力按计划推进规划建设	基本形成推动规划实施的管理机制和保障机制
背景评价	办学定位与培养设计	发展保障	发展成效	有效实现规划目标，院校建设发展纵向效果显著	规划目标基本实现，院校整体建设发展有成效
背景评价	办学定位与培养设计	培养规划	人培方案	人才培养方案设计科学，符合传媒类高校特点，有利于培养新型高素质传媒人才	人才培养方案较为科学，基本符合传媒类高校教育特点
背景评价	办学定位与培养设计	培养规划	课程建设	专业课程均体现现代教育理念，符合培养层次和教学对象特点，满足人才培养方案要求，执行效果良好	人才培养方案各要素齐全，基本符合教育规律和教学对象特点
输入评价	教学条件与水平	队伍建设	师资结构	师资队伍结构合理，学科专业结构和学术梯队适应传媒院校建设发展和教学任务需要，具有硕士、博士学位的比例≥ 50%	培训内容符合教师发展和教学需要，有较为合理的师资梯队建设
输入评价	教学条件与水平	队伍建设	师资培养	注重教师的发展性指导，有计划开展教学团队建设，有提高教师教学水平和能力的措施，有加强教师专业职业资格和任职经历培养的措施	对教师的培养有计划，符合教学需要，有落实措施
输入评价	教学条件与水平	队伍建设	生师比	全校生师比达到国家办学条件要求 18 ∶ 1，各专业教师数量满足本专业教学需求，合理控制班级授课规模	生师比基本达到国家办学要求，专任教师数量基本满足专业教学需要

续表

类	一级指标	二级指标	评价项目	评价标准	
				A级	B级
输入评价	教学条件与水平	教学能力	实施能力	重视实践课堂教学，质量优良率≥85%，具有高级职称教师教学质量高，有特色	理论及实践课堂教学质量优良率≥65%
			科研能力	注重教学研究，有国家级教学成果奖，并有较好推广应用效果	重视教学研究，有省部级教学成果奖，应用效果较好
			创新能力	积极开展教学模式、教学内容、教学方法的改革创新，效果显著	注重开展教学模式、教学内容及教学方法的改革并取得一定成效
		教学条件	设施设备	生均教学科研仪器设备值及新增教学科研仪器设备所占比例达到国家办学条件要求，生均教学科研仪器设备值达到3000元，新增教学科研仪器设备所占比例达到10%，实验室、实习场所及其设施能满足教学基本要求，利用率较高	生均教学科研仪器设备值及新增教学科研仪器设备占比基本达到要求，能满足教学需要
			信息环境	生均藏书量100册和生均年进书量4册达到国家办学条件要求，图书资料（含电子图书）能满足教学基本要求，利用率高，重视校园网及网络资源建设，在教学中发挥积极作用	生均藏书量和生均年进书量基本达到国家办学条件要求，校园网及网络资源基本普及
			活动场所	生均教学行政用房面积达到国家办学要求9㎡，教室、实验室、实习场所和附属用房面积以及其他相关校舍基本满足人才培养的需要，利用率高；运动场、学生活动中心及相关设施满足人才培养需要	生均教学行政用房面积基本达到国家办学要求，教室、实验室、实习场所和附属用房面积基本满足人才培养需要
过程评价	教学过程全监控	管理机制	经费投入	教学经费投入较好地满足人才培养需要。其中，教学日常运行支出占经常性预算内教育事业费拨款（205类教育拨款扣除专项拨款）与学费收入之和的比例≥13%。生均年教学日常运行支出≥1200元人民币，且应随着教育事业经费的增长而逐步增长	教学经费基本满足日常教学运行，且随着教育事业经费的增长逐步增长

续表

类	一级指标	二级指标	评价项目	评价标准	
				A级	B级
过程评价	教学过程全监控	管理机制	质量监控	教学管理制度规范、完备，主要教学环节的质量标准执行较严格，教学运行平稳有序；学校建立了自我评估制度，并注意发挥高等教育质量监测国家数据平台的作用，对教学质量进行常态监控	建立较为完善的教学管理制度，建立完善的自我评估制度，能够对教学质量进行常态监控
			组织保障	每个班级配有兼职班主任或指导教师；按师生比不低于1∶200的比例设置一线专职辅导员岗位；专职就业指导教师和专职就业工作人员与应届毕业生的比例要保持1∶500；按师生比不低于1∶5000配备专职从事心理健康教育的教师；促进形成教师与学生交流沟通机制	专职辅导员、就业指导教师、心理健康指导教师等人数基本符合国家办学要求的最低标准
			学生服务	开展大学生学习指导、职业生涯规划指导、创业教育指导、就业指导与服务、家庭经济困难学生资助、心理健康咨询等服务，学生评价较高；有跟踪调查毕业生发展情况的制度	开展各项学生服务
		教学评估	学风建设	有调动学生学习积极性的政策与措施，开展行之有效的学风建设活动；营造良好的学习氛围，学生学习主动，自觉遵守校级校规；积极开展校园文化活动，指导学生社团建设与发展，搭建学生课外科技及文体活动平台，措施具体，学生参与面广泛，对提高学生综合素质起到积极作用	有调动学生学习积极性的政策与措施，营造良好的学习氛围，积极开展校园文化活动
			专业建设	有明确的专业设置标准和合理的建设规划，能根据区域经济社会发展需要和本校实际调整专业，专业结构总体合理，并注重特色专业的培育	有较为明确的专业设置标准，能根据社会需要和本校实际调整专业，专业结构总体合理

续表

类	一级指标	二级指标	评价项目	评价标准	
				A级	B级
过程评价	教学过程全监控	教学评估	人培方案	培养方案反映专业培养目标，体现德智体美全面发展的要求；有企业行业专家参会制订修订人才培养方案；构建了科学合理的培养应用型人才的课程体系，其中人文社科类专业实践教学总学分（学时）不低于20；创新创业教育融入人才培育体系，开设专门课程，纳入学分管理；培养方案执行情况良好	培养方案基本反映专业培养目标；构建较为科学合理的培养应用型人才的课程体系；创新创业教育融入人才培育体系；培养方案执行情况基本完成
			课堂教学	教学内容符合本专业人才培养目标，能够反映本学科专业发展方向和经济社会发展需要，教学大纲规范完备，注重以专业应用能力为导向的教材建设；能有效利用网络教学资源，现代教学技术和手段使用效果好；推进课堂教学改革，有鼓励教师积极参加教学方法改革的政策与措施，课堂教学体现以学生能力培养为中心，注重学生创新创业精神和能力培养，教师能够开展启发式、参与式、讨论式等教学；课程考试方式科学多样	教学内容基本符合本专业人才培养目标，教学大纲较为规范完备，注重以专业应用能力为导向的教材建设；推进课堂教学改革，有鼓励教师积极参加教学方法改革的政策与措施，课程考试方式科学多样
			实践教学	实验开出率达到教学大纲要求的90%；有一定数量的综合性、设计性实验，有开放性实验室，配有实验指导人员，实验教学效果较好；能与企事业单位紧密合作开展实习实训，保证实践经费；把社会实践纳入学校教学计划，规定学时学分，对学生参加社会实践提出时间和任务要求	实验开出率达到教学大纲最低要求；能与企事业单位紧密合作开展实习实训，保证实践经费；对学生参加社会实践提出基本的时间和任务要求
			毕业论文（设计）与综合训练	选题紧密结合生产和社会实际，难度、工作量适当，体现专业综合训练要求；有50%以上毕业论文（设计）在实验、实习、工程实践和社会调查等社会实践中完成；教师指导学生人数比例适当，指导规范，论文（设计）质量较高	选题结合生产和社会实际，体现专业综合训练要求；毕业论文（设计）要求尽量在实验、实习、工程实践和社会调查等社会实践中完成；教师指导学生人数比例适当，指导较为规范，论文（设计）质量合格

续表

类	一级指标	二级指标	评价项目	评价标准	
				A 级	B 级
成果评价	教学质量与成效	德育教育	思想政治教育	创新思想政治教育形式，丰富思想政治教育内容，把思想政治工作贯穿教育教学全过程，实现全程育人，全方位育人；落实国家标准，健全组织机构，加强队伍建设，思想政治教育工作的针对性和实效性较强	能够把思想政治工作贯穿教育教学全过程；落实国家标准，健全组织机构，加强队伍建设，思想政治教育工作的针对性和实效性较强
			思想品德	学生展现出良好的思想政治素质，表现出服务国家和服务人民的社会责任感和公民意识，具有团结互助、诚实守信、遵纪守法、艰苦奋斗的良好品质，学生能积极参加志愿服务等公益活动	学生展现出较为良好的思想政治素质，具有团结互助、诚实守信、遵纪守法、艰苦奋斗的良好品质，学生能较为积极参加志愿服务等公益活动
		专业技能	专业理论	学生达到人才培养目标的要求，掌握专业基本理论、基本知识和基本技能	学生基本达到人才培养目标的要求，基本掌握专业基本理论、基本知识和基本技能
			专业能力	具备从事本专业相关工作的能力	基本具备从事本专业相关工作的能力
		体育美育	德育美育	《国家大学生体质健康标准》合格率达 85%，学生身心健康；开设艺术教育课程，注重培养学生良好的审美情趣和人文素养	《国家大学生体质健康标准》合格率达 80%，开设艺术教育课程，注重培养学生审美情趣和人文素养
		校内外评价	师生评价	学生对教学工作及教学效果比较满意，评价较好；教师对学校教学工作和学生学习状况比较满意，评价较好	学生对教学工作及教学效果基本满意；教师对学校教学工作和学生学习状况基本满意
			社会评价	学校声誉较好，学生报到率较高；毕业生对学校教育教学工作认可度较高，评价较好；用人单位对毕业生满意度较高	学校声誉较好，学生报到率较高；用人单位对毕业生较为满意
		就业	就业率	应届毕业生的初次就业率达到本地区高校平均水平	应届毕业生的初次就业率基本达到本地区高校平均水平
			就业质量	就业面符合学校培养目标要求，毕业生就业岗位与所学专业相关性较高，就业岗位适应性较强，有良好的发展机会	就业面基本符合学校培养目标要求，毕业生就业岗位与所学专业基本相关，就业岗位适应性较强

五、基于 CIPP 理论的传媒类高校教育质量提升策略

通过以 CIPP 模型作为理论基础对传媒类高校的教育质量评价体系进行构建，可以看出传媒专业教育不仅是传媒教育理念与实践、教学与科研、模拟与实操相统一的动态发展过程，而且是集知识生产、传播与应用于一身，旨在培养应用型人才的渐进式活动过程。将刚性与弹性相结合，多样化与个性化相融合，传承与创新相扶持，探索适合传媒类高校特色与优势的评估体系并进而剖析传媒类高校教育质量提升策略已成为当务之急，核心问题应该抓住师资队伍和实践教学两方面。

（一）加强传媒教育师资队伍建设

加强传媒教育师资队伍建设是提升传媒类高校教育质量的关键。应重视具有实践性、多元化、灵活性的“双师型”教师队伍的建设，优化年龄结构、学历结构与职称结构。一方面，培养一批由各专业教授、副教授及中青年骨干教师组成的师资队伍，定期选送优秀的骨干教师进行培养，旨在提高实践教学水平、开拓创新创业资源的学习深造，并鼓励其参与社会实践活动，深入行业一线体验实践过程，熟悉行业发展现状，切实丰富传媒类教师的实践能力及创作能力；另一方面，院校应重视聘请校外知名行业专家担任指导教师，定期为大学生开设传媒产业讲座沙龙、指导实习，以弥补校内实践资源不足的缺陷；同时，传媒类高校应大力倡导“双师型”师资队伍的激励机制，将师资的业务素质、教学业绩与绩效分配紧密联系，加大在实践创新教育方面作出突出贡献的教师的奖励力度。

（二）优化实践创作课程设置

优化实践类课程设置是提升传媒类高校教育质量的核心。传媒类专业的课程教学具有开放性与灵活性，对学生实践性与应用性的要求更高。各高校应结合自身学科特色和专业优势设置实践创作类课程的科学体系，同时应尤为注重摸索实践教学规律和遵循应用型人才培养规律，以实践创作作为知识传播的主阵地，创新教学方式方法，将传媒类院校实践教育课程建设水平和教学改革的质量提高至新的台阶，不断提升教学和课程的针对性与时效性，

增强吸引力、感染力和说服力。以调动大学生创作实践的积极性、主动性和创造性为出发点，从而达到由传授知识向培养创作能力的转化，由灌输讲授向参与体验转化，由教师导向向学生导向转化。

高校教育质量评价体系是由高校教育管理者、高校教师、大学生乃至政府、企业、社会、产业等利益相关者共同参与的，在建设应用型高校目标的指引下，对传媒类高校教育活动过程中所呈现的具备发展潜能、实力的价值判断和理性评估的完整过程。这一评价通过对传媒类专业教育的现状、背景、过程和成果的发展性自评，客观衡量和科学审视高校教育质量及其构成，为提升传媒类高校教育质量和改进传媒类院校评价决策，为优化高校实践资源与发挥应用型教育功能提供参考依据，从而实现传媒类高校教育的价值增值与实践教育能力的持续提升。

将 CIPP 模型引入我国传媒类高校教育质量评价研究，搭建了四位一体的传媒类高校教育质量评价理论框架。具体而言，在厘清行业发展需求、应用型人才培养的概念，重视实践创作教学的背景下，基于传媒类院校教育教学能力的内涵与构成，初步构建了这一评价理论模型。这一模型贯穿传媒类院校教育的背景、输入、过程和成果的 CIPP 评价要素，以传媒类应用型人才培养为前提，以传媒类高校资源配置能力为保障，以传媒人才培养过程行动能力为核心，以创新实践成果绩效能力为关键，实现对传媒类高校教育的目标、计划、行动和结果评价焦点的关注，为传媒类高校创业教育的计划决策、组织决策、实施决策和重复决策服务。同时，这一理论模型具有相应的应用功能，包括构建传媒类高校实践教育能力评价体系、各项教育指标的评价体系以及实证分析的数据分析功能，从而为后续的一系列具体研究提供较为充分的理论依据。

第二节　基于 CIPP 评价模式的传媒类院校实践教学评价体系探析

传媒类院校的实践教学注重提升学生在媒介环境完成构思、创作、制作、推广等方面的应用能力，但实践环节的组织管理方式常受到时间、地域、设备、场地、契机等方面制约，使目前各高校在实践教学过程中在不同程度上出现项目碎片化、实训随机化、产教脱节化等现象，从而很难建立标准化的评价体系。CIPP 评价模式作为成熟的教学评价体系之一，具备体系完善、逻辑清晰的评价思路与标准，被应用于大量教学评价案例中。基于该理论建立的实践教学评价体系，有利于传媒类院校从实践规划、项目设计、过程执行、成果回溯四个层面，对实践教学环节进行科学合理的评价与指导，有利于进一步提升传媒类院校人才培养水平。

一、传媒类院校实践教学的内涵与外延

在我国应用型高等教育的教学体系中，主要包含理论教学体系、实践教学体系和素质拓展体系。传媒类院校的实践教学体系在高等教育阶段承担培养行业人才所需的应用能力与创新能力层面，具有不可或缺的重要地位。

实践教学体系的培养目标是使学生通过实践训练课程与项目，提升专业技能和创新技能。目前各传媒类院校在实践教学环节的设计上包含具有传媒特色的实践教学目标、教学内容、项目管理、教学保障等，其根本目的是要培养学生运用传媒理论知识、技能解决实际问题的能力，以及具备更高层次的创新能力。受到传媒类专业学科属性的影响，近年来多所传媒类院校均根据自身教学水平及专业特色，建立实践教学方案。通过课堂实训、校内联动、校外实践、集中实践、创新创业等手段，结合编、导、摄、录、照、制等各项专业核心能力，要求学生掌握扎实的传媒理念与行业技能，具备务实的创作观念与实现能力，同时整合教学资源，获得丰富的实践创作成果。

教育部在 2015 年公布的《关于引导部分地方普通本科高校向应用型转变的指导意见》中明确提出了针对经济发展的新常态以及产业升级结构现状的创新驱动发展战略，探索应用型发展模式化，广泛开展技能型人才的教育培养，建立适应应用型高校的评估制度，将学习者实践能力、就业质量和创业能力作为评价教育质量的主要标准。伴随着新时代数字化、网络化的不断发展，传媒类院校立足传媒行业人才需求，建立与市场紧密相关、适应传播媒体行业发展的实践教学体系，将重点着眼于培养学生的实践操作能力和职业

适应能力，不断完善人才培养目标，优化学生的知识结构，培养高度适应行业的应用型人才，紧密贴合传媒行业发展。

二、CIPP 评价模型及其在传媒类院校实践教学中的应用

教育评价是现代教育管理与指导的主要手段。传媒类院校的教学活动仍受实践教学内容构成的细碎性及外部行业就业环境的严峻性等因素影响。实践教学环节需要不断完善以满足新媒体环境的需要，因此构建合理的评价体系能够规范指导实践教学工作，为高校教学改革提供事实依据和理论支持。

CIPP 模式强调“评价最重要的目的不是证明，而是改进”。这种模式由背景评价、输入评价、过程评价和成果评价四部分构成，贯穿了评价对象的完整过程，通过对每个环节的把控实现对教育活动实施全过程的监控、诊断与反馈。在该评价体系中，背景评价关注教学目标的制定与规划；输入评价研究具体项目的筹备和计划实施条件等；过程评价是对项目进行持续性的检查与评估；成果评价则是对项目执行情况与受益情况的总结。CIPP 模式注重为使用者提供用于判断和决策的信息，与教育活动关联性强，是一种可以用于改进教学工作和提升教育质量的有效工具，亦是一种适合于为传媒类高校制定实践教学评价体系的可靠依据。

（一）基于 CIPP 评价模式建立传媒类院校实践教学评价体系的探索

传媒类院校的实践教学体系具有独特性。首先，传媒类院校基于传媒行业所需开设相关专业，专业性极强，且种类多样，与其他综合性或纯艺术类高校在专业结构上差异大，培养目标明确；其次，传媒类专业的实训项目可以在校内充分展现多专业协同创作，比如拍摄一部短片或组织一场晚会，都可以由多个不同专业的学生展开联合性创作，这也使传媒类院校的实训内容有多样的实现的手段和路径；最后，传媒类高校的实践创作多是从项目构思到完成成品的连贯性过程，具有独特性与创新性，实践项目多不可复制，这与应用型人才在创新思维的培养上相互呼应。同时传媒类院校在开展实训教学的过程中也具有一定的局限性，如实训场地与设备的保障、实训人数与分

工的平衡、实践与理论教学的有机结合、实践成果的科学评价标准等方面，都在不同程度上制约着实训教学的有序开展，需要教学执行部门给予更多的关注。

与常见的用于改进为主要导向的案例不同，传媒类院校应用CIPP评价体系的核心在于提供决策。实践教学内容灵活多样，因此实践教学评价不仅应该考量项目的完成度，更在于及时发现问题，从而找到改革创新的途径，为院校各级教学部门、专业师生提供更为科学准确的信息，确保实践教学的良性发展。

结合传媒类院校专业特色，CIPP模式的四个评价步骤可以一一对应为：实践项目规划、实践项目设计、实践过程执行、实践成果回溯四个模块，并利用以下二级指标（表5-2-1）进行全面评价。

表5-2-1　传媒类院校实践教学体系CIPP评价模型

评价模块	背景评价：实践项目规划	输入评价：实践项目设计	过程评价：实践过程执行	成果评价：实践成果回溯
二级目标	目标定位	师资团队	项目内容	实践能力
	教学理念	场地设备	教学方法	创新能力
	产教融合	经费管理	实训管理	行业认可度

实践项目规划模块包含目标定位、教学理念及产教融合三个二级目标，评价实践教学的项目设计思路、培养目标、实训项目环节等基本情况，即实训项目的背景条件。目的是完善影视传媒类专业的实践教学理论建设，明确人才培养目标，以培养具有深厚人文底蕴、较强的现代影视传媒能力、较高的传媒专业素养和扎实的职业基础，且能够适应多元化需求的应用型创新型影视传媒人才作为评价核心。此项评价确保传媒人才的培养不仅只为传媒行业服务，更要具有深厚的文化底蕴和正确的思想认知，这是保证实践教学顺利开展的核心内容。

实践项目设计模块包含师资团队、场地设备和经费管理三个二级目标，评价完成实训项目的准备与保障条件的基本情况。实践教学的师资队伍建设应该在“双师型”要求基础上，强化教师的职业化、高素质，包含具有传媒职业素养的教育精英人员、具有丰富行业经验的优秀从业人员、接受最新传媒技术专业培养的高学历人才组成；场地设备除了校内的资源保证，着重关注校外实训基地的建设与利用，如各级新闻出版机构和电台电视台、各类文化机构等，只有深入现实的行业运作中才能获得锻炼并得到检验，也便于传媒院校及时根据社会需求调整教学构架，保证人才培养与市场需求不脱节，这是保证实践教学开展的先期条件。

实践过程执行模块包含实训项目内容、教学方法与实训管理三个二级目标，评价实践教学实施过程，其中包括以课堂内容为主的实践，围绕课程内容推进知识的吸收；以实践创作为主的实训，将创新作为核心，鼓励学生在实践情境中培养创新思维、激发创作潜能；以项目创作为主的实践，整合、拓展教学空间。以影视类专业为例，整合戏剧影视文学、编导、摄像、录音、数字媒体、文化产业等专业，全面锻炼学生从文案编辑、团建建设、资金决策、拍摄、后期制作、营销管理等完成流程的能力与团队协作能力；以行业与社会实践为主的实训，以校外环境锻炼学生、检验教学。通过不同层次的实践教学活动，通过评价系统及时反馈，这是实践教学评价体系的主体部分。

实践成果回溯模块包含学生实践能力、创新能力与行业认可度三个二级目标，重点评价实训教学的成果与价值，同时基于传媒院校专业开设的独特性，可以将相关的学术报告、发布会、专题讲座、名家论坛与实践活动结合，组织各类创作展演、文艺晚会、艺术节、短片竞赛等成果展示活动，丰富传媒高校学术与文化氛围，提高专业学生的参与度，从而反向指导实践教学过程。

四个评价模块环环相扣，贯穿实践教学项目从开始设计到最终完成的全过程，传媒类院校可结合自身实践特点，为每项评价指标对应合理权重，保障评价结果的全面性、科学性与权威性。同时积极形成反馈机制，充分利用各模块的评价结果进行改进，形成良性循环，真正发挥评价机制的监督监控作用。

（二）基于CIPP模式下构建传媒类院校实践教学评价体系的现实意义

随着我国传媒类院校高等教育专业化水平的不断提升，实践教学观念也需要不断更新，教学过程更需要合理与规范化，因此，在CIPP模式下构建的实践教学评价体系便具有了现实意义。

1. 背景评价——明确实践教学目标，推进实践教学改革

通过完善传媒类院校实践教学评价体系，能够切实推进实践教学模式改革，整合实践教育资源，提升教学效率，提高学生就业能力和职业素养。各相关专业应该将“明确培养目标”作为首要任务，结合内在变革动力与外部推力，使教育目标与传媒行业人才发展契合，使教学规划更加符合学生的认知规律。

2. 输入评价——紧抓教学投入，提升师资建设

首先，实践教学发展必然要求投入的增加。在新旧设备快速更替、学生人数普遍增加、实践基地与实训室需求扩大的背景下，资金投入还需要配备完善的管理制度。其次，传媒类院校应该充分鼓励专业教师发挥主动性，积极探索特色的教学方法和实训项目，激发学生的实践热情，同时保障实践教学过程的安全性、连贯性与启发性。

3. 过程评价——发现实践教学不足，推进科学指导过程

结合目前实践教学环节的发展现状可知，传媒类高校在实践教学形式、教学场所、教学设备、项目种类、校外项目及教师指导、成果考核等环节仍存在局限，因此在实践教学项目的设计、范围的延伸、内容的丰富、形式的创新等方面仍有改革空间。

4. 成果评价——构建特色鲜明的传媒类高校与专业

在媒体行业急速发展的今天，培养理论基础与实践能力并行的人才，才是培养适应行业变迁的综合型应用人才。完善的实践教学评价体系构建了传媒类院校鲜明的专业特色，是办学实力与教学质量的体现，能够提升社会与行业对传媒类高校的认可度，从而进一步推动传媒行业的可持续性发展。

总之，建立科学的实践教学评价体系是提高传媒类高校教育质量的重要保障，这一体系的确立有待于在实践中不断摸索与总结。传媒类院校应坚守“传媒人”准则，以学生发展与成长为中心，不设置虚高的培养目标，脚踏实地，依据科学的实践教学评价体系形成有效的监控管理机制，培养与传媒产业和社会需求对接、具有创新精神和融媒意识的应用型人才。

第三节　基于 CIPP 模式的中外高等院校传媒专业教育对比研究——以录音艺术专业为例

我国录音艺术专业高等教育经历了 70 余年的积累与创新，已经发展成为传媒类院校学科体系中重要的组成部分。声音创作人才的培养不仅可以提升我国文化事业与文化创意产业的发展水平，更将影响我国文化强国战略的实施及未来文化艺术事业的走向。以 CIPP 评价模式为基础构建四个对比维度，深度探讨录音艺术专业人才培养模式，通过中外学科建设差异的对比分析，对国内声音相关专业的发展现状进行总结，能够为提升声音艺术创作人才高等教育水平提供科学依据。

教育部在 2021 年“关于加快构建高等教育高质量发展体系”的目标中明确提出推进高等教育“中国模式”的要求，即加快构建世界水平、中国特色的高等教育发展理论。因此，了解国外相关专业发展现状并进行有效对比研究，从而推进教育评价改革，推动形成中国特色的高等教育发展道路，是我国高等教育伴随时代发展的要求。伴随着文化产业不断细分发展，声音技术与艺术的重要性日益凸显。在我国目前的高等教育体系中，录音艺术专业受其存在发展时间短、理论基础弱、学术起点低等因素所限，其人才培养模式与学科体系建设仍处在摸索阶段。结合国外先进教育教学经验来推动我国声音艺术学科及相关专业的改革创新，这是行业发展与高等教育水平发展的要求，具有现实意义。

为实现上述目标，本书将以国内的代表性院校，如中国传媒大学、北京电影学院、山西传媒学院等，与国外多所开设相关专业的代表性院校如美国加利福尼亚大学伯克利音乐分校、美国斯坦福大学、美国西北大学、英国约克大学、马来亚大学等为研究对象，从 CIPP 评价模式的四个维度出发，即教学目标、教学要素、教学过程和教学成果四个层面，展开中外高等院校声音艺术相关专业的对比分析，以期为提升我国录音艺术专业高等教育教学质量提供理论保障。

一、Context：中外高等院校录音艺术专业的教学目标对比

目前，我国声音艺术高等教育以录音艺术专业为主。在目前开设该专业的 40 余所不同层次和培养特色的高校中，还将其细分为音响导演、录音工程、音乐编辑、电影录音、电影声音创作、电子音乐制作等不同培养方向，主要培养具有录音技术和声音创作艺术等多学科交叉知识，能够在传媒领域从事声音艺术创作、设计与录音技术应用等方面工作的创新型、复合型人才。虽然培养方向有所差异，但在培养体系上仍然包含基础理论部分，如电学、声学、高等数学、计算机技术等；艺术理论部分，如艺术概论、音乐理论、影视理论等；专业理论部分，如录音技术、录音设备、后期制作技术等；专业应用部分，主要是将理论知识与实践相结合，进行声音艺术创作与创作的基本能力。

经过调研与数据统计，国外的声音类专业（Audio Engineering）教学目标与我国有较大差异。首先，国外的声音相关产业在专业设置上更为明确。影视声音制作的学生一般归类于电影制作专业，音乐声音创作的学生归属于音乐专业，通过主修与选修课程的配合完成。主修课程以实践类课程为主，一般不超过三门，其他各类课程都是通过选修完成。学生可以根据自身兴趣和能力选择需要的课程，通过获得学分达到毕业要求，具有较大的自主性和灵活性。其次，国外的声音相关专业更为细化，培养目标更为明确，这与国外声音创作行业的整体化与规范化紧密相关，同时也受到认知水平的影响，以培养高水准专业型人才为主。

二、Input：中外高等院校录音艺术专业的教学要素对比

高等教育教学水平受多方面因素影响，共同构成专业教育的要素系统。

录音艺术专业在其特定的培养目标下，在生源质量、师资水平与教学设施三个方面表现出鲜明的专业特色。

（一）生源要素分析

我国各高校录音艺术专业目前仍以自主招生的方式为主，要求学生具备不同层面的基础知识，但相较于其他艺术类专业的专业技能考核来说，声音类专业的学生大多不具备更多的专业知识，该专业主要考核的是学生的基本素养，包括文化常识、听辨能力、音乐特长等综合能力，但以文化成绩为录取依据是主流趋势，也就是将艺术测试作为入门门槛，而考生的文化水平仍是决定性因素。近年来，随着声音学科的不断发展，越来越多的考生开始有针对性地准备招生考试，甚至在高中阶段就学习并掌握了一定的录音技巧，但此类考生不超过总体报考人数的 10%。目前我国录音艺术专业的地域性发展也呈两极化趋势，优势院校及生源主要集中在北京、上海两地，其余各地方高校的学生存在质量参差不齐，评价标准不一的问题。

（二）师资力量分析

目前在我国 40 余所开设录音艺术专业的各高等院校中，专业专任教师人数平均不到 10 人，此外，还包括校外专家、外聘教师、跨专业兼任教师等构成本科教育的师资团队。其中绝大部分中青年教师毕业于国内高校。近年来也有越来越多的海外留学生回国加入声音学科的高等教育建设队伍，但从整体来看仍然存在专业教师师资匮乏的问题。以中国传媒大学音乐与录音学院、北京电影学院声音学院为代表，率先开展了与行业一线从业人员在教学活动中的交流合作。

（三）教学条件分析

录音艺术专业发展需要依靠设备支撑，包括录音环境、录音设备，软硬件设施等，随着技术水平的不断提升，音频设备的更替也是日新月异。从教学条件的整体水平来看，我国录音艺术专业的现有教学设备设施略高于世界平均水平，多数院校都建有或在建符合国际标准的录音棚、混录棚、声音编辑室。以中国传媒大学的音乐录音棚和北京电影学院的 Dolby 混录棚为例，均是能够代表世界最高标准的高等教育教学资源。但此类教学资源的生均数偏低，利用率不高，与国外相关录音教学资源相比，最大差异还是在设备的可持续利用方面。教学设施同样需要更为专业的人才和完善的管理机制，这样才能与教学活动相辅相成，相得益彰。

三、Process：中外高等院校录音艺术专业的课程对比

课程是人才培养的核心要素，近年来各高校不断推进教学改革以适应传媒行业对人才的新需求。通过对中国传媒大学、山西传媒学院、美国斯坦福大学等相关大学中声音艺术相关专业的课程体系进行比较，统计分析出国内外不同大学在学时分配、课程结构、教学内容及考试形式等方面均存在较大差异。

如图 5-3-1 所示，我们可以看到，在总课时上国外大学声音艺术专业本科阶段的总课时低于国内大学，专业课所占学时相差不大，但公共基础课时远低于国内大学。从学时分配上来看，国内声音艺术专业开设的基础课门数、课时数、学分数占整体比例的 40% 以上，而国外高校普遍低于 30%。一方面体现出国内高校对学生基础学习的要求性更强，学习更为扎实，学科构建更为体系化；另一方面也突出了教育侧重点，在选修课程的选择上国外高校选择余地较大，学分构成灵活，更注重学生动手能力的培养。

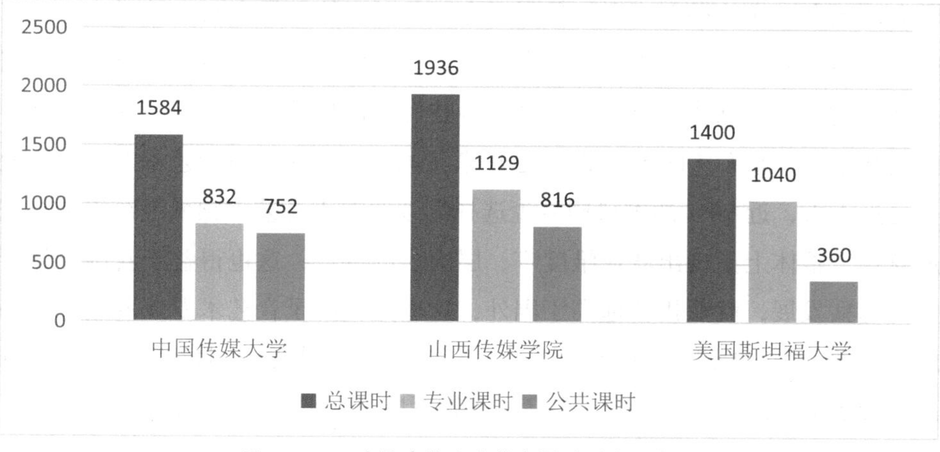

图 5-3-1　中外高校声音艺术课时对比示意图

在教学内容上，国内专业课程仍以讲授为主、学生实验创作为辅，除了高阶的个别课程是综合性应用教学方式，学生基本上是由教师安排课堂内容并完成实训要求，在期末一般以笔试与实操考试相结合的方式获得学分。国外院校基本上在大一阶段就会开设关于设计和应用类的专业课程，如 Engineering Design，Recording Studio Techniques and Application 等，主要以项目教学与小组实验为教学模式，以成果评定和参与答辩获得项目评定与学分。

在课程建设上，目前我国录音艺术专业强调在传媒领域间的专业联合，重视创作创新，教育成果与产品创新紧密结合。国外则更为强调跨行业技术创新，鼓励学生进行独立研究，并拓展新技术的应用领域，教育成果与科研创新紧密结合。从整体上来看，各高校都把握了音频技术发展对传统录音行业的影响与促进作用，在发挥各院校优势学科发展态势的同时，不断提升学生的应用水平与专业素养。

四、Product：中外高等院校录音艺术专业的教学成果对比

与国外相比，我国录音艺术专业的教学成果体现出多元化的突出特点。从在校生的成果展示方面来看，除了各高校基于专业特色所设立的专业奖项、联合创作奖项，还形成了全国性的联动机制。目前面向全国高等院校录音专业师生的专业级奖项——“声音学院奖”由中国电影电视技术学会于 2015 年设立，至今已成功举办八届，吸引了全国各地高校积极参与，并形成了较好的口碑与行业影响力，为录音艺术专业学生提供了交流学习的机会和学习成果展示窗口，但创作成果的创新性、科技性方面仍缺少突破口。此外，从毕业生数据统计来看（图 5–3–2），近年来我国每年毕业于录音艺术专业的毕业生已近千人，近 70% 的本科毕业生选择继续留在声音艺术领域继续深造或完成就业，整体上呈现出就业维度广、层次多的特点，这也得益于我国媒体行业的迅猛发展，就业机会远高于国外，这也是我国录音艺术专业的又一优势所在。随着教学成果的日趋丰富，这也将反作用于教育教学资源的丰富，推进声音艺术理论体系的完善，提高高等教育质量水平，形成良性循环。

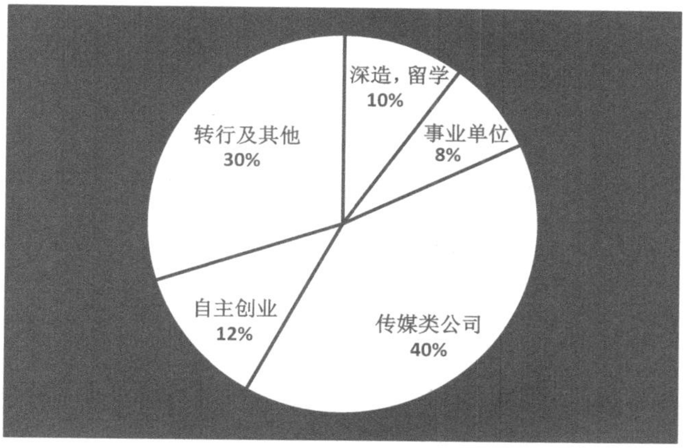

图 5-3-2　2019 年我国录音艺术专业毕业生流向统计

录音艺术专业高等教育伴随传媒行业的发展逐渐获得社会的重视，随之推动声音学科在媒体传播中的地位、应用及与相关学科关系的研究。通过上述分析可以总结出，我国声音艺术高等教育仍处于成长期，努力加强师资队伍建设是提升教学质量的关键环节。同时要合理利用我国在教学资源、教育保障环节的优势，充分发挥行业优势，促进校企合作，注重学生实践创新能力的提升。此外要加强国际交流，拓展教学思路。总之，提升声音艺术专业高等教育水平，有利于国内声音创作领域的拓展和学科队伍的建设，有利于进一步提升我国声音创作的技术水平，缩短与国际一流教育教学水平之间的差距，有利于丰富声音艺术科学理论与实践成果，为进一步推进传媒行业发展提供参考与借鉴。在结合多样的教学理念的发展过程中，录音艺术专业仍要立足国内实际，真正形成有中国特色、世界水平的高等专业教育范式。

参考文献

[1] 陈玉琨 . 课程改革与课程评价 [M]. 北京：教育科学出版社，2001.
[2] 涂艳国 . 教育评价 [M]. 北京：高等教育出版社，2007.
[3] 吕红 . 高等教育质量标准体系评价与创新研究 [M]. 北京：科学出版社，2018.
[4] 朱德全，徐小容 . 教育测量与评价 [M]. 北京：高等教育出版社，2022.
[5] 黄光扬 . 教育测量与评价 [M]. 上海：华东师范大学出版社，2022.
[6] 全国普通高校本科教育教学质量发展报告：2021—2022 年度 [M]. 北京：高等教育出版社，2023.
[7] 黄鹂 . 美国新闻教育研究 [M]. 武汉：华中科技大学出版社，2008.
[8] 陈伟平 . 影视传媒：创新人才培养 [M]. 上海：上海三联书店，2012.
[9] 孙华 . 高等教育学概论 [M]. 北京：高等教育出版社，2012.
[10] 沈军 . 职业院校专业建设 CIPP 评价模式实践研究 [D]. 重庆：西南大学，2016.
[11] 葛莉 . 基于 CIPP 的高校创业教育能力评价与提升策略研究 [D]. 大连：大连理工大学，2014.
[12] 黄继东 . 基于 CIPP 模型的军队学历教育院校教学评价指标体系的研究 [D]. 重庆：第三军医大学，2013.
[13] 孙继红 . 我国区域教育发展状况评价的实证研究 [D]. 南京：南京航空航天大学，2010.
[14] 王慧霞 . 基于 CIPP 模式的高职院校产教融合评价指标体系建构研究 [D]. 广州：广东技术师范大学，2022.

[15] 王佳航 .CIPP 模型视角下社会工作项目评估研究 [D]. 北京：中央财经大学，2022.

[16] 胡琳 . 山西省高校创业教育质量评价指标体系构建与应用研究 [D]. 太原：山西财经大学，2021.

[17] 张炜 . 基于 CIPP 模型的高校创业教育质量评价研究 [D]. 武汉：武汉工程大学，2019.

[18] 远梦妮 . 基于 CIPP 模型的拔尖创新人才培养质量评估研究 [D]. 哈尔滨：哈尔滨工业大学，2017.

[19] 金亚飞 . 基于 CIPP 模型的研究型大学本科实践教学评价研究 [D]. 广州：华南理工大学，2012.

[20]Angelova, I., &Weas, L.(2008). Management-oriented evaluation approaches. Northern Illinois University.

[21]Askin, A.W.(2012). Assessment for excellence: The philosophy and practice of assessment and evaluation in higher education. Rowman& Littlefield Publishers.

[22]Bachenheimer, B.A., &Dawson, K.(2011). A management-based CIPP evaluation of a Northern New Jersey school district's Digital Backpack program(pp.1-150). University of Florida.

[23]Barber, K.O.(2018). A Program Evaluation of the Learning Focused Model in Craven County[Doctoral dissertation, East Carolina University].

[24]Biggs, J.(2003). Aligning teaching and assessing to course objectives. Teaching and learning in higher education: New trends and innovations.

[25]Chen, C.F.(2009). A case study in the evaluation of English training courses using a version of the CIPP model as an evaluation tool [Doctoral dissertation, Durham University].

[26]Chen, S., Hsu, I.C., &Wu, C.M.(2009) Evaluation of undergraduate curriculum reform for interdisciplinary learning. Teaching in Higher Education.

[27]Chinata, R., Kebritchi, M.&Ellias, J.(2016). A conceptual framework for evaluating higher education institutions. International Journal of Educational Management.

[28]Darussalam, G.(2010). Program Evaluation in Higher Education. International journal of research & review.

[29]Davidson, E.J.(2005). Evaluation methodology basics: The nuts and bolts of sound evaluation. Sage.

[30]Ebert, E.S., Ebert, C., &Bentley, M.L.(2013). Curriculum definition. Retrieved from education.com.

[31]Ellis, R.A., &Goodyear, P.(2019). The education ecology of universities: Integrating learning, strategy and the academy. Routledge.

[32]Ferda, T.(2010). Evaluation of an English language teaching program at a public university using CIPP model [Master's dissertation, Middle East Technical University].

[33]Ferguson, D.A.(2007). Program evaluations in music education: A review of the literature. Update: Applications of research in music education.

[34]Gelber, S.M.(2020). Grading the College: A History of Evaluating Teaching and Learning. Johns Hopkins University Press.

[35]Hakan, K., &Seval, F.(2011). CIPP evaluation model scale: development, reliability and validity. Procedia-Social and Behavioral Sciences.

[36]Hanchell, V.F.(2014). A program evaluation of a christian college baccalaureate program utilizing Stufflebeam's CIPP model [Doctoral dissertation, Gardner-Webb University].

[37]Indelicato, M.J., Hochgraf, C., &Kim, S.(2014). How critical listening exercises complement technical courses to effectively provide audio education for engineering technology students[conference]. Audio Engineering Society Convention 137. Audio Engineering Society.

[38]Jingura, R.M., &Kamusoko, R.(2019).A competency framework for internal quality assurance in higher education. International Journal of Management in Education.

[39]Keith, F. Punch., &Alis, Oancea.(2014). Introduction of research methods in education. SAGE Publication.

[40]Kuo, H.T., C. Ray, Diez.(2010). Using the context, input, process and product

model to assess an engineering curriculum. World transactions on engineering and technology education.

[41]Lankford, E., &Schwartz, A.(2018). Case study: An interdisciplinary audio curriculum. In Audio Engineering Society Convention 145. Audio Engineering Society.

[42]Liu, F., Jiang, C., Francart, T., Chan, A.H., &Wong, P.C.(2017). Perceptual learning of pitch direction in congenital amusia: Evidence from Chinese speakers. Music Perception: An Interdisciplinary Journal.

[43]Martin, M.(2018). Internal Quality Assurance: Enhancing higher education quality and graduate employability.

[44]Morien, R.I.(2019). Leagility in Pedagogy: Applying Logistics and Supply Chain Management Thinking to Higher Education. In Teacher Education in the 21st Century. IntechOpen.

[45]Sampaio, M., &Leite, C.(2017). From curricular justice to educational improvement: what is the role of schools' self-evaluation?. Improving School.

[46]Schubert, W.(2018). Perspectives on evaluation from curricular contexts. Education policy analysis archives.

[47]Shen, Jun. (2016). Practical research of CIPP evaluation model of vocational colleges' specialty construction [Doctoral dissertation, Southwest University].

[48]Taherdoost, H.(2019). What is the best response scale for survey and questionnaire design; review of different lengths of rating scale/attitude scale/ Likert scale. Hamed Taherdoost.

[49]To,O.C.(2017). A Program Evaluation of an Apprenticeship Program using Stufflebeam's CIPP Model [Doctoral dissertation, Gardner-Webb University].

[50]Warju, Warju. (2016). Educational Program Evaluation Using CIPP Model. Innovation of Vocational Technology Education.

[51]Youker, W., Ingraham, A.(2013). Goal-Free Evaluation: An Orientation for Foundations' Evaluations. The Foundation Review.